ぼくらはひとつ空の下

シリア内戦
最激戦地アレッポの
日本語学生たちの
1800日

優人（アフマド・アスレ）著
小澤祥子 取材・文
青山弘之 解説

三元社

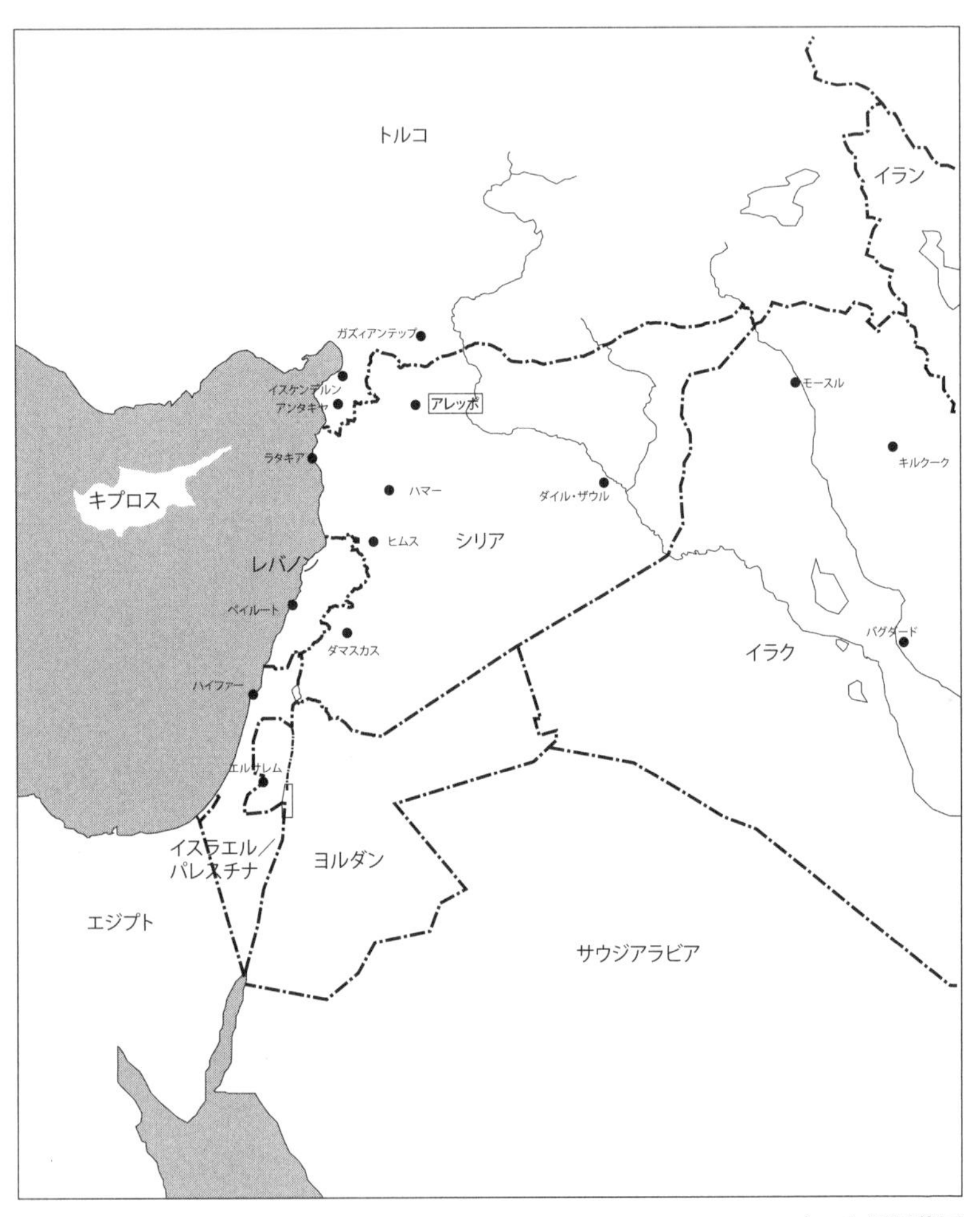

シリアと周辺諸国

（本地図並びに解説の地図、図表すべて青山弘之氏による）

ぼくらはひとつ空の下

シリア内戦最激戦地アレッポの日本語学生たちの１８００日

★目次

第1章　アレッポ生まれのわたしと日本語との出会い……1
はじめに／わたしたちの街、アレッポ／日本語との出会い

第2章　アレッポ大学学術交流日本センター……15
シリア随一の日本語教育拠点／ゆかいな仲間たち／部活動／日本の人たちとの交流

■コラム　アニメや漫画から日本文化に触れる（ムハンマド・アナス・アルハサン）　34
■コラム　日本語に秘められたおもしろさ・美しさ（アフマド・ラーミー・カッサール〈弘務〉）　38

第3章　内戦のはじまり……41
中東と日本に走った大激震／不安の足音／日本人の先生との別れ

■コラム　突然だった日本人のシリア国外退避（渡辺寛成）　48

第4章　戦場となったアレッポ……53
戦慄のラマダーン／水も食料もなくなった／破壊されていく街、失われていく命／大学での惨劇

もくじ

■コラム 言語の向こうにある、その人だけの思いと気持ち〈スザン〉 68

第5章 日本センターの奮闘……71
未来が見えないからこそ、学びつづける／インターネットの活躍／「日本語コミュニティ」Facebook ページ／「日本語の森」と慶應大との交流会／YouTube 書道レッスンとアニメ部の自作漫画／大切な人たちとの別離

■コラム 遠くヨーロッパからシリアを想う〈アフマド・シャーゲル〈友好あめ〉〉 92
■コラム アラハン・ワ・サハラン・プログラムの思い出〈ハーリド・ハタビー〈永志〉〉 96

第6章 戦火のなかのジャパンフェア……99
二〇一四年ジャパンフェア／四年ぶりの日本人訪問／悪化する内戦／ぼくらは同じ空の下／アレッポ攻防戦の終わり

■コラム 日本センターの学術と言語による戦い〈アフマド・アルマンスール〉 130

エピローグ……135

解説　シリア内戦の推移とシリア・日本の国際交流の状況　青山弘之……142
あとがき……163
参考文献・サイト　167
謝辞　168

第1章 アレッポ生まれのわたしと日本語との出会い

はじめに

みなさん、こんにちは。わたしの名前は優人です。

わたしはシリア・アラブ共和国のアレッポという街に住んでいます。

いまはシリア赤新月社のコーディネーターとして、コミュニティの自立支援をサポートする仕事をしています。これは、住んでいる人たち自身の力で、戦争で荒廃した地域社会や女性や子どもたちのサポート体制を整えていくためのプロジェクトです。

そのほかに国連難民高等弁務官事務所（ＵＮＨＣＲ）の人道支援プロジェクトや家業の手

伝いもしているので、毎日おおいそがしです。でも、みんなの力を合わせて、困っている人を助け、自分たちの社会をよくしていくという素晴らしい活動に参加できていることを誇りに思います。とくに、子どもたちの笑顔を見ると、とてもうれしい気持ちになります。

わたしは二〇一九年に、アレッポ大学を卒業しました。

大学では経済学部で中小企業政策を専攻するとともに、学術交流日本センター、通称「日本センター」で日本語を学びました。

日本センターでは、日本語のクラスのほかにも、書道や折り紙を習ったり、年に一回、「ジャパンフェア」というお祭りを開いて展示やオリジナルの日本語劇を発表したり、いろいろな活動をつうじて日本文化に親しむことができます。

大学を卒業してから、わたしはこの日本センターで、後輩たちに日本語を教えるボランティアもしています。

「日本から一番遠い国のひとつのシリアで日本語?」とおどろくかたもいるかもしれませんね。

でも、シリアには、日本の歴史や文化やテクノロジーに興味をもち、日本語を学びたいという人が、みなさんの想像以上にたくさんいるのです。

日本センターの先生たちや、日本から研修でやってきた大学生たち。わたしたちは日本のみなさんとの生きた交流をとおして、毎日楽しく日本語を学んでいました。

一〇年前の二〇一一年、「今世紀最悪の人道危機」と呼ばれる「シリア内戦」がはじまってから、わたしたちの生活は一変しました。

シリアは平和な国から危険な国にとつぜん変わってしまい、日本人のみなさんもシリアから避難しなくてはいけなくなってしまいました。

アレッポでも、政府軍、反体制派、ＩＳ（イスラーム国）、外国軍など、各勢力による戦闘が始まり、たくさんの人が国内避難民、国外難民として住みなれた街を離れていきました。そして、わたしの親戚、友人、隣人をふくめ、たくさんの人が戦闘や爆撃によって命を奪われました。

自分の命もいつ絶たれるかわからない日々。でも、わたしたちは戦争中も休むことなく日本語を勉強しつづけました。

なぜなら、絶望的な毎日のなかでも、日本語を学ぶことで、海の向こうのまだ見ぬ世界に心をつなぐことができたから。そして、また平和が戻ったときのために、日本の戦後復興の知恵を学びたいと思ったからです。

日本語を学ぶことは、このかつてない苦難の時代において、わたしたちの「希望」になってくれました。

わたしの夢は、日本に留学して、祖国の復興のために日本の企業経営を学ぶこと。そして、将来、シリアと日本、ふたつの国をつなぐ「かけ橋」となることです。

これから、戦争がはじまる前とはじまった後、両方の時期をとおしての、わたしたちと日本の人びと、日本の言葉や文化との絆をお話ししていきたいと思います。

わたしたちの街、アレッポ

わたしの住むアレッポは、シリアでは首都ダマスカスに次ぐ第二の大都市です。地図を見ていただくと分かりますが、シリアの西のいちばん北のほうにあり、五〇キロメートルほど行くと、もうお隣のトルコとの国境です。

シリアでは主にアラビア語が話されています。アラビア語ではアレッポのことを「ハラブ」といいます。

この名前の由来にはいくつかの説があります。たとえば、旧約聖書に登場するイブラヒーム（古代イスラエル人の伝承上の始祖。アラブ人も彼の子孫とされている）がこの地で貧しい人たちに家畜の乳（アラビア語で「ハリーブ」）を施していたという言い伝えから、ハリーブ↓ハラブとなったという説。

また、別の説では、かつてこのあたりで話されていた古代言語のシリア語で「乳白色の岩」を意味する言葉から来たともいわれています。

アラブの国ぐにでは、親しみを込めて都市にニックネームをつける慣わしがあります。ダマスカスは「ファイハー」（広い土地）、中部の大都市ヒムスは「ウンム・ヒジャール・スード」（黒い石の母）、そしてアレッポは「シャフバー」（灰色のもの）。この言葉はイブラヒームが乳をしぼった羊の色から来ているともいわれています。

街の名前の起源に聖書時代のエピソードが出てくることからもわかるとおり、アレッポはとても長い歴史をもつ世界最古の都市のひとつです。

考古学の調査によると、アレッポには紀元前三〇〇〇年にはすでに人が住んでいたという痕跡があるそうです。ヒッタイト、アッシリア、ペルシア、ギリシア、ローマ、イスラーム系の諸王朝、オスマン朝……アレッポはいくども戦いの舞台となり、いくつもの王朝が興亡をくりかえしてきました。しかし、時代時代で統治者は変わっても、アレッポは東西文明の交易の要衝地として繁栄しつづけてきました。

アレッポの街は、アレッポ城を中心とする旧市街と、近代になってから整備された新市街、さらに新しい時代になってから開発された郊外地域に分かれています。

古代から中世、オスマン朝時代までの貴重な文化遺産がたくさん残されているアレッポ旧市街は、まさに「生きる博物館」です。国連教育科学文化機関（UNESCO）の世界遺産に一九八六年から登録されているため、海外からの観光客にもとても人気のある地区です。

もしみなさんがアレッポに来たら、いちばんに行くべきは、街のシンボル、アレッポ城！

濠にかかった立派な石造りの橋をわたり、壮麗な城門をくぐると、まるで中世時代にタイムスリップしたように感じることでしょう。

旧市街のど真ん中に堂々と鎮座するこの城は、もともとは自然の丘があったところでした。その上に古代から神殿や要塞を造っては壊しをくりかえし、一三世紀のアイユーブ朝時代に現在のような姿の原型ができたといわれています。城のてっぺんにのぼると、広大なアレッポの街が三六〇度ぐるりと見わたせます。

アレッポ城を満喫したら、次は中東でもっとも美しいと名高い巨大なスーク（市場）を探検しにいきましょう。アレッポのスークは旧市街のなかに網の目のように広がっていて、まるで迷路のようです。スークのなかには、香辛料、食品、アラブ菓子、布地、食器、金物、機械、工芸品、アクセサリー――ありとあらゆる商品をあつかう商店が星の数ほどひしめき合っています。

「さぁ、安いよ、安いよ！」

「もう少しまけておくれよ！」

店主とお客がそこかしこでにぎやかにやりとりしている横をとおっていくと、かつての

アレッポ城

隊商宿「ハーン」の建物を目にすることができます。ここはそのむかし、遠い国ぐにから交易品を運んできた商人たちが、ラクダをつないで荷を下ろし、つかの間の休息をとった場所です。目をつむると往時の風景が浮かんでくるようです。

アレッポ旧市街のスーク（市場）

日本では毎週日曜日がお休みですが、ムスリム（イスラーム教徒）が多いシリアでは、礼拝日にあたる金曜日が休日です。集団礼拝がおこなわれる金曜日は、スークの店もみなシャッターを閉めて、いつもの喧騒がうそのような静けさに包まれます。でも、近所の人びとが礼拝に集うモスク（イスラームの礼拝所）だけはぽっと灯りがともり、この街で暮らす人たちの息づかいが感じられます。

アレッポというと、「アレッポ石鹸」を思い浮かべるかたも多いのではないでしょうか。良質なオリーブ油やローレル（月桂樹）油をたっぷり使った天然石鹸は、世界中でよく知られているアレッポの名産品です。茶色くて四角い、レンガのような無骨な石鹸ですが、ナイフで半分に切ってみると、中身はおどろくほど鮮やかな美しいエメラルド色で、植物のいい香りがします。

この石鹸を店頭にうず高く積み上げて、一キログラム単位で豪快に売りさばく風景は、アレッポのスークの名物でした。戦争で多くの工場がトルコや国内のラタキアなどのほかの都市に引っ越してしまいましたが、以前は市内にいくつもの石鹸工場があり、伝統的な製法で石鹸づくりをおこなっていました。

アレッポは織物産業や金銀細工でも有名です。戦争前の旧市街では、美しいクロスをたくさん並べた布地屋や、細かい手作業で精巧なアクセサリーを作り上げる職人たちの工房が、地元民、海外観光客問わず、たくさんのお客を集めていたものでした。

この美しい旧市街は戦争によって無残に破壊されてしまいました。かつて大勢のお客でにぎわっていたスークのお店も、ほとんどが焼失してしまいました。

しかし、二〇一九年、多くの人たちの尽力により、スークの一部の復興が完了し、ふたたびもとの美しい姿を取り戻すことができました。

もちろん、アレッポにはまだ復興していない地区もたくさんあります。爆撃や戦闘でぼろぼろに破壊された故郷を目にすると、涙が溢れてきます。アレッポが一日も早く、またもとのようなにぎやかな街に戻ること。それがわたしたちの心からの願いです。

日本語との出会い

わたしは一九九一年、アレッポ郊外のサラーフッディーンという地区で生まれ、そこで育ちました。この地区の名前は、一二世紀に十字軍と戦って勝利したイスラーム世界の英雄サラーフッディーンに由来しています。

サラーフッディーンの通りは食べもの屋がたくさんあるので有名でした。アレッポ国際スタジアムとハマダニーヤ・スタジアムというふたつの大きな競技場があるスポーツの街でもあります。

わたしの家族は父、母、三人の姉、そして兄がひとり。わたしは末っ子です。父は小さな電気屋を営み、母は主婦として家族の食事の支度（したく）や家事をしてくれています。兄は九年ほど前に結婚して、女の子がふたりいます。このかわいい姪（めい）っ子たちはわたしの宝物です。

子どものころのいちばんの思い出は、家族や知り合いで集まってすごすゆかいなひとときです。

みんなで一緒に遊んだり、ピクニックやバーベキューをしたり、おもしろい話をしたり、困りごとがあったら相談をしたり。社交好きなシリア人にとって、親（した）しい人と一緒にすごす時間はとても大切です。

戦争の時代を経て、たくさんの思い出をともにした親戚や友人も、いまや世界中に散らばって離ればなれになってしまいました。かれらがそばにいないことを、とてもさみしく思います。

わたしの住むサラーフッディーンが世界的に有名になったのは、二〇一二年夏、アレッポで政府軍と反体制派の最初の戦いがこの地区ではじまってからでした。わたしの住んでいる通りでも激しい戦闘がありました。しかし、わたしたち家族はこの街を離れることなく、戦争のあいだも、ずっと住みつづけました。

戦争中の生活はとてもつらく、厳しいものでした。

道路でとつぜん爆弾が落ちてきたり、電気や水道が止まったり、物価が天井知らずに高騰したり……たくさんの人が行き交っていたサラーフッディーンの飲食店街も、まるで幽霊通りのようにさびれてしまいました。

わたしは日本センターに入るまでは、日本のことを特別くわしく知っていたわけではありませんでした。

シリア人が「日本」と聞いてまず思い浮かべるのは、自動車や電気機器などのテクノロジー。それに、小さな島国とは思えないほどの大きな経済力です。

日本人がシリアに旅行に来て、こちらの人と話すと、必ずといっていいほど「ニッサン」「トヨタ」と日本の企業名をいわれると思います。わたしにとっては、いろいろな製品を通して伝わってくる先進性、それが日本にたいする第一のイメージでした。

そしてもちろん日本は、第二次世界大戦での敗北からよみがえり、奇跡的な経済復興を成しとげた国としても、シリアではとても有名です。二度の原爆投下によって何十万もの人びとが命を奪われた悲惨な歴史やその後の平和国家としての歩みもよく知られています。

この小さな国が、焼け野原からどうやって世界有数の経済大国になれたのか。

わたしの国シリアはとても素晴らしい国ですが、経済的にはまだまだ改善できる部分がたくさんあります。わたしが経済学を学ぼうと思ったのは祖国の経済の発展に貢献したいからですが、そのために、日本の歴史やシステムには学ぶことがとても多いように感じたのです。

センターに入ったもうひとつの理由は、シリアでも大人気だったアニメや漫画などの日本文化への関心でした。

日本から遠く離れたシリアでも、いくつかの日本のアニメがテレビ放映されていました。

シリアではサッカーがとても盛んなので、『キャプテン・マージド』（サッカー漫画の名作『キャプテン翼』のアラビア語版）の放送日は、毎回みんな楽しみにしていました。

アニメではないですが、ビートたけしさんの『風雲たけし城』は、その名も『ホスン』(城塞)のタイトルでシリアでも毎週放映されていました。出演者たちが毎回、奇想天外なしかけに立ち向かう様子は、大人たちもふくめ大爆笑を呼んでいました。

『ちびまるこちゃん』も、子どものころから大好きなアニメでした。まるちゃんは「マルコ・サギール」(小さなまるこ)という名前でシリア人の子どもたちにも、とても親しまれていました。二〇一八年夏、作者のさくらももこ先生が亡くなられたというニュースを知ったときは、本当に悲しかったです。まるちゃんの家族のゆかいであたたかな物語は、わたしの心にいつもやすらぎをくれていました。

このような想いや経験から、

「日本のことをもっと知りたい」

「日本の人と実際に話してみたい」

そんな気持ちが高まり、二〇一〇年、一九歳のときに専門学校に進学したのを機に、アレッポ大学の日本センターで日本語の勉強をはじめたのでした。

第2章

アレッポ大学 学術交流日本センター

シリア随一の日本語教育拠点

わたしたちのアレッポ大学は、一九五八年、シリアで二番目の国立大学として開学しました。一番目は一九二三年創立のダマスカス大学です。

現在、医学部、理学部、土木工学部、人文学部、教育学部など、ぜんぶで二七の学部があり、学部・大学院あわせて約六万人の学生が学んでいるとても大きな大学です。

戦争のまえには、アラブ諸国における主要研究拠点(きょてん)のひとつとして、海外からのたくさんの留学生や研究者たちも在籍していました。

アレッポ大学のキャンパスは街の西部郊外にあります。毎朝、始業時間になると、たくさんの学生がバスや徒歩で大学にやってきます。シリアの若者たちはおしゃべり好きなので、朝の通学時間はわいわいがやがや、とてもにぎやかで活気があります。

アレッポ大学学術交流日本センターは一九九五年に開設されました。シリアの大学ではじめての日本語教育機関で、今年で二六周年になります（詳しい開設経緯は131ページ参照）。シリアの重要な日本語教育拠点としては、ほかにダマスカス大学の日本語科もあげられます。

わたしがセンターに通いはじめた二〇一〇年は、アレッポ大学の人文学部修士課程に日本研究専攻が開設された年でもあります。シリアにおいて、日本への関心、日本との交流の機運がとても高まっていた時期でした。

広大なキャンパスのなかで、日本センターは歯学部と学生寮のあいだに位置しています。入り口にかかげられている、アレッポ城の城門をモチーフにしたアレッポ大学のマーク、そして、アラビア語の「シリア」と「日本」で「學」という字を囲んで両国の学術交流を表した日本センターのマークが目印です。

日本センターには、大教室の「紫室」がひとつ、日本人の先生たちの部屋がふたつ、そしてライブラリー（図書室）があります。日本人の先生たちの部屋は教室（富士教室と桜教室）も兼ねていて、授業時間になると学生たちが集まってきます。

このほかに、学生たちが集うロビーや中庭、礼拝室もあります。シリアの人口の約九〇%を占めるムスリムは、一日五回の礼拝をおこないます。そのため、シリアのほとんどの学校や公共施設には礼拝室が備えられています。

教室にはプロジェクターやスクリーン、パソコン、CD・DVDプレイヤーなどが完備されていて、かなり高度な語学の授業が可能です。これらの設備には、日本政府や国際機関からご支援いただいたものも多数ふくまれています。

日本センターでは日本語や日本文化にかんするありとあらゆることが学べます。

日本語のクラスは、初級、中級、上級に分かれています。レベルでいうと1～12、それぞれ三カ月間のプログラムになっていて、『みんなの日本語』というテキストを使って勉強しています。

レベル1では日本の小学校と同じように、「あ、い、う、え、お……」のひらがなの書

日本センターの様子　上：試験の日、下：授業風景

きかた・読みかたからスタートです。ひらがなを覚えたら、次はカタカナ、漢字、文法、読解、聞き取り、会話と、だんだんとレベルアップしていきます。上のレベルに進むには試験を受けて合格する必要があります。

上級クラスでは、日本語を「学ぶ」だけでなく「教える」練習もします。将来的には、シリア人だけでも自立して日本語教育を運営できるようになること。それが日本センターのかかげる目標です。

わたしたちに日本語を教えてくれるのは、副センター長でシリア人のアフマド・アルマンスール先生、そして、国際協力機構（ＪＩＣＡ）青年海外協力隊の歴代の日本語教師の先生たちでした。

機械工学部の准教授でもあるアルマンスール先生はセンター全体のまとめ役でした。最初は留学生として、その後は研究者として、一〇年間も日本で暮らされていたアルマンスール先生は、日本語についても日本文化についても、とても豊かな知識をお持ちでした。ときに優しく、ときに厳しく、センターのみんなの頼れる「お父さん」のような存在でした。現在は日本の慶應義塾大学で教鞭（きょうべん）をとられています。

ＪＩＣＡからは常時二人体制でネイティブの日本人の先生たちが来てくださっていまし

た。多くの学生にとって、人生ではじめて言葉を交わす日本人は、このＪＩＣＡの先生たちでした。わたしたちははじめて学ぶ日本語のむずかしさに手こずりながらも、そのおもしろさにどんどん夢中になっていきました。

ゆかいな仲間たち

開設されたころの日本センターはごく小規模だったそうです。しかし、わたしが入るころには、大きな建物の一階部分すべてを使い、毎年二五〇人もの学生が登録するほどの人気になっていました。

日本センターはアレッポ大学の学生だけでなく、一般市民にも学びの場として開かれていました。そのため、わたしのような専門学校生や高校生、ときには小さい子どもまで、いろいろな人が通っていました。たまにセンターを修了した先輩たちも遊びにきて、わたしたちの勉強を手伝ってくれました。

シリアにはとても多彩な宗教、宗派、民族が存在します。日本センターの学生たちも、ムスリム、クリスチャン、クルド人、アルメニア人、アッシリア人など、じつにさまざまです。

でも、わたしたちの目標はひとつ。日本語を学ぶことです。いろいろな年齢やバックグラウンドの人びとと机を並べて切磋琢磨するのは、とても新鮮な体験でした。

振り返ってみると、それまでのわたしは、机に座っているよりも、バスケットボールなどのスポーツが好きな性格だったと思います。でも、センターに入って、同じ目標に向かって励む仲間と出会うことで、はじめて学ぶことの喜びや楽しさを知るようになりました。

ところで、ひとくちに「日本語を学びたい」といっても、その理由は人それぞれです。わたしのように日本経済に関心を抱く人もいれば、日本に留学したい人、旅行ガイドになりたい人、日本のアニメや折り紙が好きな人……みな、いろいろな目的で日本センターの門をたたきます。アルマンスール先生は「それでまったくかまわない」といって、わたしたちにこう教えてくれました。

「外国語を学んでも、その言語で仕事をしなければいけない、ということはありません。

いつかなにかの役に立つ。

人生も、性格も、考えかたも変わる。

外国語に接することであなたたち自身が変わります。

実際、わたしの人生は日本語を学んだことでまったく別物になりました。

だからここでの学びは日本語だけでなく『人生のトレーニングコース』だと思ってください。」


日本センターではたくさんの大切な友達と出会うことができました。ちがう学部の学生もたくさん在籍しているので、かれらとの交流からとても大きな刺激を受けました。

わたしと同じ年にセンターに入った親友の「あめくん」こと、アフマド・シャーゲルくん。かれは土木工学部の学生でした。

歯学部のアナス・アルハサンくんは日本のアニメや漫画、小説にとてもくわしい努力家です。現在は日本の九州大学大学院に留学中です。

医学部のラーミー・カッサールくんは「日本センターのレジェンド」と呼ばれるほどの

秀才で、なんと在学中に日本語能力試験（日本語を母語としない人の日本語能力認定試験で世界最大規模のもの）最難関レベル「Ｎ１」合格を果たしました。

美術学部のラーマー・ビラールさんは絵やデザインがとっても上手で、授業の課題でつくったかわいい「おにぎりケース」のデザインを見せてくれたこともあります。書道の腕もかなりのものです。

ほかにも、ここにはあげきれないほど数多くの友人との出会いに恵まれました。

日本センターはただ勉強するだけの場ではなく、わたしたちの「第二の家」でした。日本語のクラスがない日でも、それぞれの学部の授業が終わると、みんなセンターにやってきます。そして、シャーイ（紅茶）を飲んで、友達とおしゃべりを楽しむのが日課でした。

ときどき、学校が休みの日もみんなでセンターに集まって、日本料理を作ってパーティーをすることもありました。よっぽどの間違いをしないかぎり、アルマンスール先生はわたしたちを信頼し、学生の好きなようにセンターを使わせてくれました。

わたしたち日本センターのメンバーは、まるで本当の家族みたいに仲良しでした。

アルマンスール先生はセンターの管理の多くの部分も学生たちに任せてくれました。

あめくん、アナスくん、わたしは、ボランティアとしてライブラリーの管理を担当しました。

日本センターのライブラリーには、棚一面、日本語の教科書、小説、漫画、社会、経済などの書籍、そしてビデオやＣＤなど、三〇〇〇点を超える資料がそろえられています。

言語学習にはとりわけ辞書が重要です。今はスマートフォンで調べることが多いですが、紙の辞書も『基礎日本語学習辞典』（凡人社／オクスフォード・ユニバーシティ・プレス）や『類語大辞典』（講談社）などの優れたものが置かれていました。日本センターのライブラリーは、エジプトをのぞけば周辺のアラブ諸国では一番大きな日本関係資料のコレクションで、わたしたちの自慢でした。わたしたち三人は、ライブラリーに集っては、日本の本を読んだり、ドラマを観たりして、楽しい時間をすごしました。

センターの環境をきれいに保つのも学生たちの仕事でした。

壁に貼られている書道の標語のように、「整理整頓」がセンターのモットーです。

嵐のあと、飛んできた木の葉やごみで中庭が散らかってしまったときは、みんなでほうきを手にせっせと掃除に励んだこともありました。

「言葉や文化だけでなく、マナーも日本式に」が日本センターの流儀でした。

部活動

センターでは学生たちによるユニークな「部活動」もおこなわれていました。アニメ部、書道部、折り紙部、生け花部、着物部、いろいろな部があります。

わたしが入っていたのは、書道部と着物部です。

着物部の活動はとてもおもしろいです。YouTubeにアップされている動画を研究して、日本から送ってもらった浴衣(ゆかた)を自分たちで着付ける練習をします。

刀を持って侍、腕を組んで無頼者(ぶらいもの)、というように浴衣姿(ゆかたすがた)で変身して遊ぶこともありました。

浴衣を着ると、見た目だけではなくて、洋服のときとは手の動かしかたや歩きかたもちがってきます。「むかしの日本の人たちは、こんな気持ちで生活していたのかな？」と想像が広がります。

着物部の活動。左が筆者。

書道部を始めたのは、わたしとラーミーくんをふくむ数人の学生たちでした。

日本語の勉強でシリア人がぶつかる最初の壁は、なんといっても「漢字」です。

どうしたら漢字をおそれることなく勉強できるだろうか？

考えたすえに思いついたのが、「そうだ、書道によって、字を書くこと自体を楽しみながら学んでしまえばいいじゃないか！」というアイディアでした。

筆、文鎮（ぶんちん）、墨汁（ぼくじゅう）、半紙。道具をきちんとそろえて、みんなで練習にはげみました。

その成果か、Facebookにわたしたちの書道作品を投稿すると、「日本人より上手（じょうず）ですね」と日本のかたからおほめの言葉をもらうこともありました。日本センターの教室には、根気が必要な語学の勉強をくじけずがんばれるように、みんなで書いた「千里の道も一歩だ」という書が大きくかかげてあります。

アニメ部も人気の部活動のひとつでした。

『ONE PIECE』『鋼の錬金術師』『DEATH NOTE』『NARUTO』『進撃の巨人』『ポケットモンスター』……シリアで人気の日本のアニメや漫画は数（かぞ）え切れません。アニメ部の部員たちは、みなで集まっては、お気に入りのキャラを描（か）くのに没頭していました。

宮崎駿監督のジブリアニメもシリアで大人気です。

まえにうれしいうわさを聞いたことがあります。映画『天空の城ラピュタ』のモデルは、もしかするとシリアの世界文化遺産「カラアト・ヒスン」かもしれない、という話です。

　カラアト・ヒスンは「クラック・デ・シュヴァリエ」の名前でも知られる、一二世紀に十字軍が建造した城塞(じょうさい)です。かつての十字軍の威勢をしのばせる美しい古城は、まさに古(いにしえ)に世界最強の文明を誇(ほこ)ったラピュタ王国の廃墟(はいきょ)を思い起こさせます。もしこの話が本当だったら、とても誇らしいことで

カラアト・ヒスン

す。

日本の人たちとの交流

日本センターでは、ＪＩＣＡの日本語教師の先生たち以外にも、日本の人たちと交流できる機会がありました。年一回センターでおこなわれていた慶應義塾大学の学生さんたちの語学・文化研修です。

この学生さんたちは、慶應大でイスラーム法を教えていた奥田敦先生の教え子さんでした。奥田先生は設立当初からセンターにかかわり、アルマンスール先生とともにもうひとりの副センター長として、わたしたちの勉強を応援してくれました。

研修では、日本人の学生一人につき、シリア人の学生一人がチューターとしてついて、センターや大学のことをいろいろ紹介していました。そのため、慶應大のみなさんとはたいへん親密な友情をはぐくむことができました。

日本センターには毎年、学生たちがとても楽しみにしている行事があります。年に一度の「ジャパンフェア」です。

学生たちはジャパンフェアで日本語や日本文化のことを来場者に紹介するために、いろいろな展示や演し物を用意します。学生の家族や友人だけでなく、アレッポの一般市民もたくさん訪れる大人気のイベントです。「ジャパンフェアがきっかけで日本語を学びはじめた」という学生もたくさんいます。

慶應大の学生さんの研修はジャパンフェアにあわせておこなわれていたので、かれらもシリア人の学生たちといっしょに各コーナーの準備や案内を担当してくれました。シリアと日本、ふたつの国の人びとが力を合わせて作り上げる本当に楽しいお祭りです。

フェアの当日、センターの学生たちは、頭には手ぬぐい、身体には赤や青の法被をまとい、お祭りムード満点でお客さまを歓迎します。

わたしが大学に入学する直前の二〇一〇年のジャパンフェアでは、生け花、浴衣の着付け、漫画・アニメ、ミニ日本語レッスン、日本の歌手、日本映画、日本クイズ、日本語劇など、一五以上の展示や実演が用意されていました。変わったところでは紙すき体験コーナーなどもありました。

日本の文字でシリア人の名前を書くコーナーはとても人気でした。

「サイード」「ラーウィヤ」など自分の名前が筆でさらさらと書かれていく様子に、来場者はみな興味津々でした。

アラビア語の名前の意味を日本語で書いてあげるのも好評でした。たとえば、ハーリドさんなら「不滅」、ルルさんなら「真珠」です。

「まぁ、これがわたしの名前！」

半紙を手にして、はじめて目にする日本語に親しみをもってもらえたら大成功です。

ジャパンフェアには、アレッポだけではなく、シリアのほかの都市からも日本人のみなさんが応援に駆けつけてくれました。

ＪＩＣＡのシニアボランティアの男性は、センターの前庭で、シリア人のお弟子さんとともに空手と合気道を披露してくれました。合気道で技をかけると、大きな男の人がいともかんたんに投げ飛ばされてしまいます。これには大勢の見物客から大歓声があがりました。

二〇〇二年からは奥田先生の研究室主催で「アハラン・ワ・サハラン・プログラム」（ＡＳＰ）がはじまりました。アハラン・ワ・サハランはアラビア語で「ようこそ」という意味です。

内戦前のジャパンフェアの様子　上：書道の実演　下：生け花

奥田先生は毎年、学生を引率して、シリア、イエメン、モロッコなどのアラブ諸国で海外研修をおこなっていました。どの国でも日本人の学生たちは大歓迎を受けます。そのお返しとして企画されたのがこのプログラムでした。

毎年、アラブ諸国から三〜六人の学生を慶應大に招いて、二週間の集中研修や交流をおこないます。アレッポ大学の日本センターからも何人もの学生が参加しました。慶應大の学生さんたちは、学園祭でケバブ（串焼き肉。アラブ料理の名物のひとつ）やアレッポ石鹸を売って、そのための資金を集めてくれたのだそうです。

このプログラムは残念ながら二〇一六年に終了してしまったため、わたし自身は参加する機会がありませんでしたが、アラブ諸国と日本、双方の学生にとって、とても素晴らしい成果がありました。

日本では、アラブ諸国というと、「イスラーム過激派」「テロ」「怖い国」というイメージがまだまだ根強いと思います。しかし、アレッポを訪れたみなさんは、「文化はちがうけど、いたってふつうの人たちだった」と、実際の体験からわたしたちのことを理解してくれました。同じように、わたしたちシリア人も、日本の人たちと交流することで、本当の日本の姿を理解することができました。

アルマンスール先生はわたしたちにこう語ってくださっていました。

「センターの最終的な目的、それは『相互理解』です。

シリア人には日本の文化を紹介して、日本人にはシリアの文化を紹介する。

では、なんのために文化を紹介するのか？

それは、『共存』のため、『平和』のためです。

ただ本を読むだけでなくて、このセンターで実際に日本人とシリア人がいっしょに過ごすことで、『あぁ、国や宗教がちがっても同じ人間なんだ』と実感できる。

この世界の未来にとって、その体験はとても大切なことなのです。」

コラム

アニメや漫画から日本文化に触れる

ムハンマド・アナス・アルハサン

アレッポ大学大学院歯学科修士課程修了。元同大学術交流日本センターボランティア。現在、九州大学大学院歯学府博士課程。

わたしが日本センターに入ったのは、優人くんと同じ二〇一〇年のことでした。きっかけはあのころ毎年開催されていたジャパンフェアでした。はじめて見る日本文化がとても楽しく、参加していた日本の先生たちもみなとても優しかったので、兄といっしょにセンターに入ることにしたのです。

日本語はこれまで習ってきたアラビア語や英語とはまったくちがう言語です。最初は少し難しかったですが、先生たちがたいへん明るく、授業はいつもとても楽しかったです。

日本語の勉強で最初の難関はやはり「漢字」

でした。ほかにとくに苦労したのは尊敬語と謙譲語、そしていまも悩むのが自動詞と他動詞の使い分けです。

センターでレベル5まで進んだとき、シリアで騒乱がはじまりました。センターでは日本人の先生から日本語の名前をもらうのが慣わしでしたが、先生たちが帰ってしまったのでわたしは無名になってしまいました。

自作のフィギュア「L」

けれどそのあと、優人くん、ラーミーくん、ハーリドくんをはじめとする友達と日本語の勉強をまじめにはじめるように。アニメやドラマから習った表現を日常生活で使いながら練習するのはとても楽しいひとときでした。

部活動は、最初は書道部、そして次にアニメ部の担当になりました。アニメ部ではたくさんおもしろいことをしました。部員たちがグループで絵を描いたり、コスプレの衣装を作ったり、自分たちで漫画も二作描き上げました（86ページ参照）。わたしはフィギュア作りにトライしました。だれも経験者がおらず、試行錯誤しながらの作業だったので、完成までたくさん時間がかかりました。これがわたしの作った

自作のフィギュア「ヒナタ」

『DEATH NOTE』のL、そして『NARUTO』のヒナタです。

　戦争中はボランティア教師として、後輩たちの授業も受けもちました。日本語がだいぶ読める段階のレベル4の授業では、大好きな漫画『聲（こえ）の形』を教材に読解練習をおこなったこともあります。漫画には教科書にはない日常的な言葉づかいがたくさん出てくるので、文法や表現、翻訳の勉強にはもってこいなのです。

　いまは九州大学で幹細胞の研究をおこなっています。夜遅くまでかかることも多い分析作業や毎日の細胞たちのお世話はたいへんですが、最先端の研究に集中して取り組めることはなによりの喜びです。

　日本センターはまるでわたしの家のようでした。たくさんの人と話し、勉強し、とても大事な思い出を作ることができました。みんなとのかけがえのない時間を懐（なつ）かしく思います。

コラム

日本語に秘められたおもしろさ・美しさ

アフマド・ラーミー・カッサール（弘務）

アレッポ大学医学部卒業。元同大学術交流日本センターボランティア。現在、アレッポ市で脳神経外科研修医として勤務。

わたしが日本語を学びはじめた経緯はちょっと不思議です。

というのも、本当はロシア語を学ぼうと思ってすでにそちらのコースに登録済みだったのです。しかしある日、「日本語じゃなきゃダメだ」という突然の直感があり、二〇一二年、日本センターに入ることを決めました。気まぐれで人生判断をする人間ではないつもりですが、どうやら日本語に限ってはそうだったようです。

実際に日本語の勉強をはじめてみて、「これはマスターするのは無理ではないけれど、かなり時間がかかるな」という印象をもちました。

日本語で好きなのは、音や言葉の組み合わせです。たとえば、「辛抱（しんぼう）」なら「辛（つら）さを抱（かか）える」。このように、それぞれの言葉におもしろい意味が隠されているのに興味をおぼえました。

英語、ロシア語、アラビア語に比べれば日本語の文法は比較的簡単だといえます。アナスくんも書いていましたが（35ページ）、いちばんむずかしいのは謙譲語と尊敬語。しかし、そこがまた日本語のいちばん美しいところでもあります。

日本文化のなかでは、アニメやドラマや音楽など、日本語を味わわせてくれるものが好きです。最近は日本の文学作品も読めるようになりました。いまは『魔法科高校の劣等生』という小説を読み進めています。

優人やアナスと同じようにわたしもセンターのボランティアを務めました。センターでは、休日にもよくみんなで集まって、日本料理を作ったり、パーティーを開いたりしました。みなで家族のようにそろって食事をしているときは、少しのあいだだけでも外で起こっている戦争のことを忘れられるよい時間でした。

たぶん、センターのいちばんよいところはそこでした。わたしは学部のあとも、授業のない日も、毎日センターに足を運んで友達とゆっくり紅茶を飲みながら、話したり、笑ったりして、心が癒（い）やされた気がします。

日本語と、日本語をとおして出会った仲間たちは、困難な時代の心の支えになりました。現在では医師として夜勤に追われる生活を送っていますが、休日に優人たち友人と会って話すのがなによりの楽しみです。

センターにかかげられた書「千里の道も一歩だ」

第3章
内戦のはじまり

中東と日本に走った大激震

穏（おだ）やかだったわたしたちの日常に変化が起こりはじめたのは、二〇一一年の年明けのことでした。チュニジアではじまった政府への抗議活動、いわゆる「アラブの春」が、エジプトや周辺諸国にどんどん広がっていきました。このころはアレッポの生活はまだふだんどおりでしたが、みんなテレビのニュースや新聞で、事態の動きを見守っていました。

日本で三月一一日の東日本大震災が起こったのは、まさに中東諸国に激震が走っていたのと同じ時期でした。いつもと同じように日本センターに行くと、日本の人たちがテレビの前に集まり、青ざめた表情で画面を見つめていました。

「東北で大きな地震があって、津波が襲ってきたんです……」

テレビには、東北の沿岸を津波が破壊していく光景が映っていました。これが映画ではなく、本当に起こったことだとは、にわかには信じられませんでした。

日本の人たちは、日本にいる家族の安否をすぐに確認しはじめました。東北に住んでいなくても、東日本の広い範囲で、家屋の倒壊やインフラの寸断、食料や水の不足が起きていました。福島の原子力発電所が水素爆発を起こすと、放射能汚染の心配も出てきました。

わたしたちシリア人の学生たちも、アレッポの日本人のみなさんが日本の家族に連絡するお手伝いをしました。そのあいだにも、被災地から悲しいニュースが次つぎと入ってきます。しかし、それにも負けず、外国のシリアの地でがんばって勉強や仕事をつづける日本の人たちの姿に、わたしたちはとても感動していました。


このころの出来事でとても記憶に残っていることがあります。

震災直後のたいへんな時期にもかかわらず、慶應大環境情報学部教授の武藤佳恭先生が、はるばるアレッポまで訪問しにきてくださったのです。武藤先生はアレッポ大学の機械工学部で、ご自分の発明について学生たちに講義をしてくれました。学生からのたくさんの質問にも喜んで答えてくれました。本当に親切で優しい先生でした。

武藤先生といっしょに、慶應大の学生さんたちもアレッポに来ていました。わたしに「優人」という日本名をくれたのは、そのなかの一人の明子さんでした。「優しい性格だから、優人さん」ということでいただいたこの名前を、わたしはとても気に入って大事にしています。

不安の足音

大震災への対応で日本センターがあわただしくなったなか、こんどはシリアで大きなニュースが飛び込んできました。

三月一五日、シリアでも南部のダルアーなどいくつかの都市で、はじめて大きなデモがおこなわれたのです。アレッポではそんなに大きな騒ぎはありませんでしたが、みな新聞やテレビでダルアーのニュースを注視していました。

そのうちにアレッポでも、混乱に乗じて暗躍しはじめた誘拐ギャングのうわさを耳にするようになりました。誘拐にあった家では、家族を取り戻すために、多額の身代金を払わなければなりませんでした。

武器で人びとを脅かすわるい人たちも出てきました。

わたしがある日、自宅ですごしていると、とつぜん「ダーンッ!!」とピストルを撃つ音に耳をつんざかれました。はじめての体験に恐怖で震え上がりました。同じような事件がつづいたため、だんだんとアレッポの住民のあいだにも不安が広がっていきました。

シリアはいまでこそ「戦争をしている危ない国」というイメージがありますが、戦争前のシリアは一般に平穏で、武器や爆発の音を聞くことはほとんどありませんでした。

もちろん、戦争なんてはじめてです。

そういう意味では、アレッポと日本はいっしょでした。

友達や知り合いが亡くなるニュースを聞いては、みんな、とても苦しんで、悲しんで
……このあと、そんなおそろしい時間を過ごすことになるとは、夢にも思いませんでした。

日本人の先生との別れ

このように、シリアと日本、どちらの国もたいへんな状態になっていきましたが、こんなときだからこそ、日本センターでは先生と学生たちが協力しあって、いつもどおり授業

をつづけていました。

しかし、別れはとつぜんやってきました。

二〇一一年四月の終わりごろ、シリアにいる日本人全員に退避勧告が出て、シリアから出国しなくてはいけなくなってしまったのです。もちろん、センターの日本人の先生も例外ではありません。

ほかにも、ＪＩＣＡのみなさん、研究者、留学生、駐在員、大使館の人たちなど、ほとんどすべての日本人がシリアを去っていってしまいました。

その当時、センターにいた日本人は、ＪＩＣＡの日本語教師の渡辺寛成先生ただひとりでした。

「先生が帰ってしまう」と聞きつけた学生たちが、渡辺先生の最後の授業のあと、お別れパーティーを開きました。みんなでケーキやジュースや先生へのプレゼントを用意して、とつぜんの別れを惜しみました。

でも、そのときはそれほど悲しい雰囲気ではなく、渡辺先生も学生たちも「また何カ月かしたらすぐに会えるだろう」と楽観的に考えていました。

日本のみなさんがいなくなった日本センターは、とてもさみしくなりました。それから一〇年が経ちましたが、いまだにセンターに日本人の先生たちが戻ることはありません。まさかこんなに長い別れになるとは、このときはだれも想像していなかったのです。

日本人教師が退避した後もそのまま残された机

コラム

突然だった日本人のシリア国外退避

渡辺寛成

ＪＩＣＡ海外協力隊員（日本語教師）としてアレッポ大学学術交流日本センターに勤務（2010年7月～2011年4月）。現在、静岡県沼津市の日本語学校勤務。

わたしが初訪問となるシリアに赴任したのは暑い七月のこと。日本センターでは中級と上級の授業を担当しました。

一九九七年以来、日本センターにはＪＩＣＡから一四人の日本語教師が派遣されてきましたが、じつは男性はわたしがはじめて。ムスリムが多いシリア人学生は、これまで女性教師に遠慮して話しかけられなかったことも多かったらしく、たいそう歓迎されて、休み時間になると学生たちがワッ！　と部屋に押し寄せてきました。

何カ国かで日本語教師をしてきましたが、アレッポの学生たちはそのなかでも、たいへん熱心な人が多いという印象です。

当時、日本語科があったダマスカス大学と共同で、毎年秋に日本語スピーチコンテストを開催していましたが、その優勝者もアレッポ大学の学生になることのほうが多かった覚えがあります。「将来的にはシリア人だけで自立して運営を」という日本センターの目標にあと少しで到達、という段階まで来ていたので、戦争によって指導ができなくなってしまったのはとても残念でした。

着任直後から、夏休みのジャパンフェア、授業の準備、スピーチコンテストの練習などなど、たいへんあわただしく毎日が過ぎていきました。やっと落ち着いてきたというころに起きたのが、二〇一一年三月の東日本大震災とシリアでの大規模デモでした。

とはいっても、デモ開始時のアレッポは平和なもので、大学や街の警備は厳しくなったものの、日本センターでの授業はいつもどおりでした。近々、日本人の国外退避がおこなわれるといううわさもなんどか聞きました。でも、仮にそうなっても、何カ月か経って事態がおさまったらまた戻ってこられるだろう。そのときはそう考えていました。

そんななか、四月下旬、とつぜんの退避勧告が大使館から出され、翌日には飛行機が出発するダマスカスにバスで旅立つことになりました。

センター最終日もとくに学生たちには帰国を告げることなく授業を終えました。でも、どこから聞いたのかみんな知っていて、終了後にお別れのパーティーを開いてくれました。急なことにもかかわらず、素敵なプレゼントまで用意してくれました。みんなで撮(と)った記念写真をプリントしたマグカップに、わたしとみんなの似顔絵を描いたメッセージカード。いまも大事に取ってあります。

あのときは、まさかこんなに長い別れになると思っていなかったので、またすぐ戻るつもりで教室の机に荷物をけっこう置いてきてしまいました。みんなにきちんと「さようなら」をいえなかったのが心のこりです。

学生たちからの寄せ書きと写真入りマグカップ

渡辺先生が手書きで作った動詞の活用表

第4章

戦場となったアレッポ

戦慄（せんりつ）のラマダーン

これまで比較的平穏（へいおん）だったアレッポの街で戦闘が開始されたのは、二〇一二年のラマダーン（イスラーム暦の九番目の月で断食（だんじき）がおこなわれる）がはじまった七月下旬のことでした。反体制派のアレッポへの侵攻により、街のいくつかの地区で政府軍との戦いの火ぶたが切って落とされたのです。

わたしの住んでいるサラーフッディーン地区は、このとき、もっとも激しい戦闘の舞台となった場所のひとつでした。

街には人っ子ひとりいなくなり、まるでゴーストタウンのようでした。これまで設置されていた警察や軍隊のチェックポイントもいつのまにか消えてしまいました。銃撃や砲撃のおそろしい轟音(ごうおん)が自宅のすぐ近くで毎日何度も鳴り響きます。姿は見えないのに遠くから銃で狙(ねら)い撃つスナイパーも現れました。住民たちはみな、はじめての恐怖に凍(こお)りつきました。

トルコ、レバノン、ヨルダン、サウジアラビア、ヨーロッパ、アメリカ……身の安全を守るために、無数の住民が外国や国内のほかの都市へと逃げていきました。わたしの親戚でも叔母の家族が避難のためアレッポを去(さ)ってしまい、とてもさびしくなりました。

避難したくてもできない人たちもたくさんいました。

お金が足りない、頼る先がない。わたしの家族もそうでした。アレッポにのこった住民たちは、戦闘に巻き込まれないように、地下室や家のなかでじっと息をひそめていました。スナイパーに狙われないために、家では、窓という窓を灰色のシートで覆(おお)い隠しました。

八月にはとても悲しいニュースがありました。

日本からアレッポに取材にきていたジャーナリストの山本美香さんが銃撃を受けて亡くなったのです。アレッポで起こっていることを世界に伝えるために戦地にやってきてくれた山本さん。心優しく、勇ましかった彼女のことをとても尊敬しています。

その後、アレッポでは、サラーフッディーンやアレッポ大学をふくむ西部地域に政府軍、東部地域に反体制派が陣取り、のちにはＩＳなどのイスラーム過激派や外国軍もくわわりながら、四年以上にわたる過酷な戦いが繰り広げられることになりました。

水も食料もなくなった

戦闘の開始とともに、わたしたちの生活環境は急激に悪化していきました。電気、水道、ガス、インターネット、食料……毎日の生活に欠かせないインフラや物資がとだえ、慢性的な不足状態がつづきました。

水がなくては生きていけません。どうやって水を確保したかというと、地下水がある場所をみんなで探して、一所懸命に掘って井戸にするのです。そこから水を汲み上げて家まで運びます。小さな子どもたちまでもが重い容器をもって、毎日危険な道をとおって、貴重な水を運ばねばなりませんでした。

副センター長のアルマンスール先生の住んでいる地区では、水道が出るのは二週間に一回だけ。お風呂で使える水は洗面器一杯。トイレの水は、お風呂や食器洗いのときに使う水を大事に溜めておいて使ったそうです。一カ月以上にわたる断水があることもしばしばでした。

物価の上昇も止まりません。二〇一〇年までのシリアでは一ドル＝五〇シリアンポンド（シリアの通貨単位）。それが戦争の始まりとともに二倍、三倍と跳ね上がり、現在では一ドル＝一二〇〇シリアンポンド。戦争前の二四倍です。でも、給料は上がらないので、当然、庶民の暮らしは苦しくなります。

食料不足も深刻になっていきました。市場やお店に行ってもほとんどなにもありません。あっても、お米やレンズ豆、ひよこ豆など一部のものだけで、来る日も来る日も同じメニューということもふつうでした。そんななか、国連からときどき支給される支援物資が入ったボックスはとても助かりました。

いつ終わるとも分からない停電もたいへんでした。

これもはじめての体験でしたが、最初のころは、キャンドルに火をともして勉強や仕事をしていました。しばらくすると、キャンドルのかわりに新しい道具が登場しました。LEDライトです。この灯りは省エネルギー仕様で電力を節約できるので、すぐにアレッポの人びとのあいだに普及しました。

そのさらにあとに広まったのが電気ジェネレーター（発電機）です。この機械を動かすと自分の家で電力を確保することができるので、停電のときに大助かりでした。戦闘がおさまったいまも、アレッポでは毎日何時間かは停電します。そのたびにわが家ではジェネレーターが活躍しています。

あたたかい季節はまだいいのですが、電気やガスやマーゾート（燃料油）の不足で暖房のない冬は、厳しい寒さに震えました。中東というと暑くて寒さとは無縁の地域、という印象があるかもしれません。しかし、アレッポはたしかに夏には四〇℃以上の暑さになる日も多いですが、冬は逆に氷点下になることもしばしばです。いちばん寒いときにはマイナス一二℃になったという記録があります。アレッポの家はみなコンクリートや石づくりなので冬はとても冷え込みます。

でも、わたしたちは寒さをしのぐ家があっただけ、まだ恵まれていました。国外難民や国内避難民となったシリア人のなかには、薄い布一枚だけのテントのなかで、食べるものもなく、凍てつく夜を過ごす人もたくさんいたのです。

いつどこで命がついえるかわからない毎日……そのなかで、ふと思い出したのがこの言葉でした。

「そうだ……この世界は…残酷なんだ」

これはシリアでも大人気の諫山創さんの漫画『進撃の巨人』のヒロイン、ミカサの台詞(せりふ)です。

『進撃の巨人』は、圧倒的な力をもつ巨人たちがある日人類に襲いかかってくるという恐ろしいストーリーですが、この物語さながらの世界に、まさか自分が投げ込まれるとは思いもしませんでした。

このような非常時でしたが、うれしい出来事もありました。わたしの兄にはじめての子どもが生まれたのです。かわいい、かわいい真珠のような女の子で、名前はラーリン。わたしは彼女に「清子(きよこ)ちゃん」という日本名をつけました。戦争でたくさんの命が奪われるいっぽうで、新しい命はとどまることなく誕生しつづけ、希望と喜びを与えてくれます。『進撃の巨人』でミカサが先ほどの台詞につづけていったように、「この世界は残酷だ…そして…とても美しい」のです。

また、このころのことで思い出すのが、停電のおかげで月の光がとてもきれいだったことです。戦闘がないときには、みんなで外に出てよく眺めていました。

一説によると、二〇一一年からの四年間で、上空から見えるアレッポの夜間の灯りは九七％も失われたそうです（＊）。灯りがないので戦争前よりも早い時間に寝るようにもなったり……いろいろな面で生活が大きく変わりました。

＊以下を参照。「シリアから消えた灯。衛星画像は語る（比較画像）」（ハフィントンポスト／二〇一五年三月一五日）

https://www.huffingtonpost.jp/2015/03/15/syria-lights-out_n_6871816.html

破壊されていく街、失われていく命

二〇一二年九月、アレッポ旧市街は政府軍と反体制派の戦闘の最前線となり、わたしたちアレッポ人の誇りだった歴史あるスークが炎に包まれました。スークには一五五〇店以上もの歴史ある店舗が軒を連ねていましたが、総攻撃があった九月末の数日のうちに、その大半が焼失してしまいました。

戦火は聖なる祈りの場にも容赦なく降りそそぎました。

同年一〇月、アレッポでもっとも壮麗で、もっとも古い大モスク（ウマイヤ・モスク）が戦闘で大きな損傷を受けました。このモスクは七一七年に創建され、洗礼者ヨハネの父、聖ザカリアの墓廟があります。大火災やモンゴル軍の侵略にも負けずに受け継がれてきた、アレッポの人たちだけでなく世界中のムスリムみんなにとって大切な場所です。

アレッポの大モスク：内戦前（2008年、Alper Çuğun from Berlin, Germany / CC BY）

翌二〇一三年四月にはさらに激しい戦闘が起こり、大モスクの象徴だった九〇〇年以上の歴史をもつミナレット（モスクの尖塔）が倒壊してしまいました。

幼いころから家族といっしょにたびたび訪れてきた場所が破壊されていくニュースを耳にするたびに、まるで自分の身を削（けず）られるような思いがしました。

アレッポの大モスク：開戦後
（2013年、Gabriele Fangi, Wissam Wahbeh / CC BY）

わたしたちの心をさらに暗くしたのは、身近な大切な人たちが次つぎと戦争の犠牲になっていったことでした。

とくに、小さな子どもたちの死には胸がはりさけそうでした。「なぜ？」という疑問が止まりません。

わたしの隣（となり）の家の男の子は、スナイパーが撃った弾が肝臓に命中し、まだ九歳にもならない若さで天に召（め）されました。

親戚の一三歳の男の子は、砲弾にあたって命を落としました。かれは、父親といっしょに家族のために水を汲（く）みにいくとちゅうで、この惨事にあいました。父親もかろうじて命は助かりましたが重傷を負（お）いました。この子の友達も、ビルの下でボール遊びをしていたとき、別のビルにいたスナイパーの標的となり、声をあげる間もなく命を失いました。

戦争がはじまって以来、わたしは学校のないときは、自宅からすこし離れた地区にある父の店で過（す）ごしました。昼間は父の電気店を手伝い、夜は店の地下室で勉強します。

自宅のあるサラーフッディーンは戦闘が激しかったので、帰宅できないこともしばしばでした。戦闘が止むと母から電話が来て、ようやく「さあ、帰ろう」となるわけですが、帰路も気は抜けません。父と家路を急ぐとちゅう、突然すぐ横にミサイルが落ちてきたこともありました。

自宅近くの通りにはスナイパーが潜(ひそ)んでいるので、姿を見られないように、建物の壁沿いを一気に駆けぬけ、家にすべりこみます。アレッポ市民にとって、とてもおそろしい存在でした。

ある日、わたしの父もスナイパーに足を撃たれ、弾が貫通して大ケガを負いました。筋肉が損傷(そんしょう)しましたが、幸いなことに神経は無事でした。

自宅にミサイルが飛び込んできたこともありました。窓ガラスが割れ、部屋がめちゃめちゃになりましたが、幸いなことにその部屋にはだれもいなかったため家族全員無事でした。

悲しいことに、日本センターでも何人もの学生が戦争の犠牲になりました。

わたしの先輩のクルド人の男子学生は、戦争のごく初期にスナイパーに撃たれて命を落としました。足の手術をしたばかりで、せっかくこれから元気に歩けるというときだったのに、かれは永遠に未来を失ってしまいました。

また、これは戦争がはじまってから、もう少し時間が経ってからのことです。日本センターの先輩の女子学生が亡くなったというショッキングな知らせが入ってきました。残酷なことに、その先輩は市場で買い物をしていたときに迫撃砲の直撃を受けたのです。たまたまいっしょにいた先輩のお姉さんのお子さんも攻撃に巻き込まれ、命を失いました。

ここに書いたことはほんの少しで、実際には、悲しいことがまだまだ山ほど、たくさん……。友人の家族が迫撃砲にやられ、みなで大急ぎで病院にかつぎこむということも日常的でした。

大学での惨劇

戦闘の激化で両親がとても心配したため、しばらくは大学に通うこともできませんでした。

ふたたび大学と日本センターに通学できるようになったのは、二〇一三年の年明けからでした。

待ちに待ったひさしぶりの学校、大好きな友達たち！　かれらとまた一緒に過ごすという願いがかなって、本当にうれしかったです。センターでも授業とともに、先生の助手のボランティアを再開しました。

アレッポ大学の様子も大きく変わりました。

戦争中ではありますが、比較的安全な地域に住む人びとはひとまず仕事に通うことはできました。しかし、全教員の三割以上が国内外に避難してしまったので、そのぶん、残った先生たちの負担がとても大きくなりました。停電のためできなくなった授業もたくさんありました。アレッポの東西分断によって学校に通えなくなった学生もたくさんいて、授業の出席率は半分以下になってしまいました。東部に住んでいた先生たちのなかには、なんとか授業や研究をつづけようと、研究室や実験室に引っ越して住んでいる人さえいました。

アルマンスール先生によると理系の学部では慢性的な停電でできなくなった実験も多かったそうです。変わったところでは、先生のお給料として手渡される紙幣が、戦前は五〇〇から一〇〇〇シリアンポンドの高額紙幣だったのですが、戦争中はかなり傷んだ大量の五〇シリアンポンド札で支払われたこともあり、そんなことからも社会状況の急転ぶりを感じたそうです。

わたしたちのアレッポ大学は前線からほんの数キロメートル。自宅から大学までの道のりも危険がいっぱいでした。

いつ爆弾やミサイルが飛んでくるかわからないので、一瞬たりとも気が抜けません。

キャンパスを出て、無事を祈りながら帰り道を急ぎ、帰宅して、きょう一日もなにごともなかったことを神に感謝する毎日でした。

そんななか、いまでもアレッポ市民の記憶に深い傷をのこす悲惨な出来事が起こりました。

二〇一三年一月一五日、大学の期末試験の初日だったこの日、学生寮と建築学部の近くで、とつぜん二回の大きな爆発があり、八〇人以上もの人びとが亡くなってしまったのです。

アレッポ大学は周辺地域からの避難民を三万人も受け入れていました。爆発があった学生寮にもたくさんの人が身を寄せていました。亡くなった人は学生や避難民など、みな民間人でした。

学生寮は分厚いコンクリートづくりでしたが、大学へ行くと、その頑丈な建物が爆発でぼろぼろになっていました。外壁は崩れおち、めちゃめちゃになった部屋の中身がむきだしです。

日本センターはこの学生寮と道をはさんですぐ隣にあります。一歩まちがえばセンターも爆破に巻き込まれていたかもしれません。

実際、センターの学生だったラーマーさんはこの事故に巻き込まれてケガをしてしまいました。もうすこし遅く歩いていたら爆発にあってしまっていたという学生もたくさんいます。

アルマンスール先生の息子さんは医学部の学生で、負傷者の手当に駆けつけていました。そのため、何時間も連絡が取れず、「もしかして爆発にあったかもしれない」と先生も一瞬覚悟したそうです。

平和で安全であるはずの学びの場で起きた大惨事に、みな、心が打ちひしがれるようでした。現在でもアレッポの人びとはこの日が来ると犠牲者の死を悼みます。自分たちがいま、戦争のまっただなかに置かれていることを思いしらされる出来事でした。

コラム

言語の向こうにある、その人だけの思いと気持ち

スザン

アレッポ大学人文学部卒業。元同大学術交流日本センター登録生。トルコでＮＧＯ勤務後、認定ＮＰＯ法人難民支援協会（ＪＡＲ）のシリア難民留学生受け入れ事業のもとで日本語研修。現在、大学院修士課程。世界各地のシリア人学生の支援をおこなう「シリア国際教育開発協会」メンバー。

子どものころから日本のアニメが好きで、大人になってからは日本のテクノロジーのすごさにも惹かれました。文化もいいし、自然もいい。いつしか日本に行くことがわたしの夢になりました。だから、アレッポ大学に日本センターがあると聞いてすぐに登録を決めました。優人さんたちはわたしの後輩にあたりますね。

センターでは書道部とアニメ部に所属していました。日本のアニメのどこが好きかというと、ストーリーに「意味」があるからでした。たとえば『キャプテン翼』は、夢、友情、努力、仲間を守ること、強くなること、正しくあること

を教えてくれます。とても好きだった『ロミオの青い空』や『SLAM DUNK』『HUNTER × HUNTER』もそう。単なる闘いだけの物語ではありません。人生に必要なレッスンがたくさんふくまれている。こうしたアニメを見たら子どもたちも強く育つと思います。

センターのライブラリーで視聴できるアニメは全部わたしが内容を厳しくチェックしました。ジャパンフェアで発表するために、アニメ部員有志でアテレコ（アニメに自分たちの声を入れること）をして『NARUTO』のアラビア語吹替バージョンを作ったことも。楽しかったですね。

日本人作家の小説も読みます。印象にのこったのは太宰治の『人間失格』。人は弱るとわるい気持ちが強くなってしまう。その気持ちはその人を操作して、別の人間に変えてしまう。この作品を読んでそのことを学びました。『源氏物語』も読みました。夏目漱石の『こころ』も素晴らしかった。『こころ』が教えるのは、わたしの見るものと他者の見るものはちがう。だから、人びとが互いにわかりあい、争わないためには他者の言葉に耳をかたむけたほうがいいということ。とてもすごい本です。

わたしは人の考えかたがおもしろくて本をたくさん読んでいます。考えかたは住む場所によって、時代によって、ぜんぜんちがいます。さらに、同じアラブ人、同じ日本人でも、その人だけの特別な気持ちがあります。わたしが本を読むのは、この「その人だけの気持ち」を発見したいからです。

戦争がはじまって街の治安がわるくなってから、大学に通うのがとてもたいへんになりました。日本センターにもなかなか顔が出せなくなってしまいました。急に爆弾が落ちたり、スナイパーが撃ってきたりする。どこでなにが起こるかわかりません。でも、みんな勉強したいし、ふつうの生活をつづけたいという気持ちがあるから、あきらめません。わたしも通学路が寸断されてしまいましたが、別の場所に家を引っ越して通学をつづけました。

二〇一五年七月、大学を卒業したタイミングでトルコに移りました。トルコに向かう旅は、うーん……たいへんでした。ふつうだったら一日で行ける距離なのに、このときは戦闘や国境封鎖などで約一〇日かかりました。真夏の暑さのなか、国境で足止めをくらい、ほかの人たちといっしょに道路の上で寝たことも。

でも、いまはもう日本にいます。これは過去のこと。今は日本の大学院に進学して、平和構築の研究をしています。いろいろなかたちがあると思うけれども、平和のためになにかしたい。この気持ちは変わりません。

ふだんは自然が好きなので、休みの日は自転車で近くの公園に行って、本を読んだり、自分の考えを書いたりします。大好きな漫画『ジョジョの奇妙な冒険』のマスコットを風景のなかに置いて写真を撮影することも。通りのこの木も去年より少し大きくなっている。空も毎日ちがう。こうした小さなことに気づくたびに幸せになります。

第5章

日本センターの奮闘

未来が見えないからこそ、学びつづける

アレッポの状況はどんどんわるくなる一方でした。

前線の近くに住んでいて命が脅(おびや)かされている学生、戦闘で通学路が封鎖されて大学に来られなくなってしまった学生がたくさんいました。

いつ、どこから、爆弾や銃弾が飛んでくるか、だれにもわかりません。大学のキャンパスにもなんども爆弾が落ちてきました。

でも、わたしたちは希望をなくすことはありませんでした。

ここで絶望していては困難に負けてしまう。できる限り、いつもの生活をつづけよう。そして、シリアの未来のためにがんばって勉強しよう！

未来のために学びつづけること。

それがわたしたち日本センターの先生や学生たちの「戦い」でした。わたしたちは戦争中も休むことなく日本センターの活動をつづけました。

二〇一一年以来、アレッポでは日本語をふくめ、外国語を習う人の数がとても増えました。語学をマスターして安全な国に留学したい、移住したいというのももちろん大きな動機です。

でも、それよりもっと大きな理由は、若者たちの「楽しみ」がほとんどなくなってしまったからでした。

戦争の激化のため、カフェや映画館など、遊ぶための場所に行ったり、街で友達とぶらぶらしたり、休暇のときに海や山にいってはしゃいだりすることもできません。

そんななか、外国の言葉や文化を学ぶことは、若者たちにとってとてもよい息ぬきになったのです。とくに日本センターは雰囲気がとても自由だったので人気がありました。

大学も家と同じように停電します。なので、センターの授業も日没までに短縮されました。日本人の先生がいなくなってしまったので、授業はアルマンスール先生、そしてわたしやアナスくん、ラーミーくんなどのボランティア学生が助手になって手分けして後輩たちを教えました。

インターネットの活躍

日本センターの教育プログラムはとてもしっかりしているので、初級をマスターすれば、独学で勉強をつづけてどんどん上達することができます。

でも、やっぱり、実際に日本語の本やビデオを見ていると、「ここはどうしてこういうのかな？」「この言葉の意味はなんだろう？」と細かい部分でわからないところが出てきます。

「日本人のネイティブの先生がいてくれたらいいのになぁ……」と思うこともしばしばでした。

その悩みを解決してくれたのが、海を越えてのインターネットによる日本や海外の人たちとの交流でした。

戦争がはじまった二〇一一年は、ちょうどFacebookやTwitterといったＳＮＳや、

YouTube などの動画サイトが中東でも広まりはじめていた時期でもあるので、とても助けられました。もっとも、ついついネットを見すぎてしまうという新しい悩みも生まれたのですが。

アレッポでは戦争がはじまってから、インターネットがとぎれがちになってしまいました。わたしの住んでいるサラーフッディーン地区では、二〇一二年には四〇日間も通信が止まっていたこともありました。二〇一三年以降も戦いの状況によって回線が不安定な状態がずっとつづきました。

しかし、そのあいまをぬっての海外とのコミュニケーションは、わたしたちにかけがえのない大切な学びの時間を与えてくれました。

大学にふたたび通(かよ)えるようになってから、最初にわたしの日本語学習を手伝ってくれたのは、ヨルダンにＪＩＣＡ青年海外協力隊員として滞在されていた日本語教師の中山裕子先生でした。

指導の方法は、まずわたしが毎日の日記をノートに日本語でしたためます。それをスマートフォンで撮影して、中山先生にメッセージで送ります。しばらくすると、先生が間違いを訂正してわたしに送り返してくれます。たとえばこんなふうにです。

わたしの日記：土曜日　27／9／2014　今日は朝寝ているとき大きい声（①）の爆発が聞こえた。なのにあの声（①）が普通になった…［中略］…夜に店のとなりの人から晩ごはんを食べてくださった（②）。あの方がとても親切だった。

中山先生：①声（こえ：voice）→音（おと：sound）、②いただいた（I was given）です。

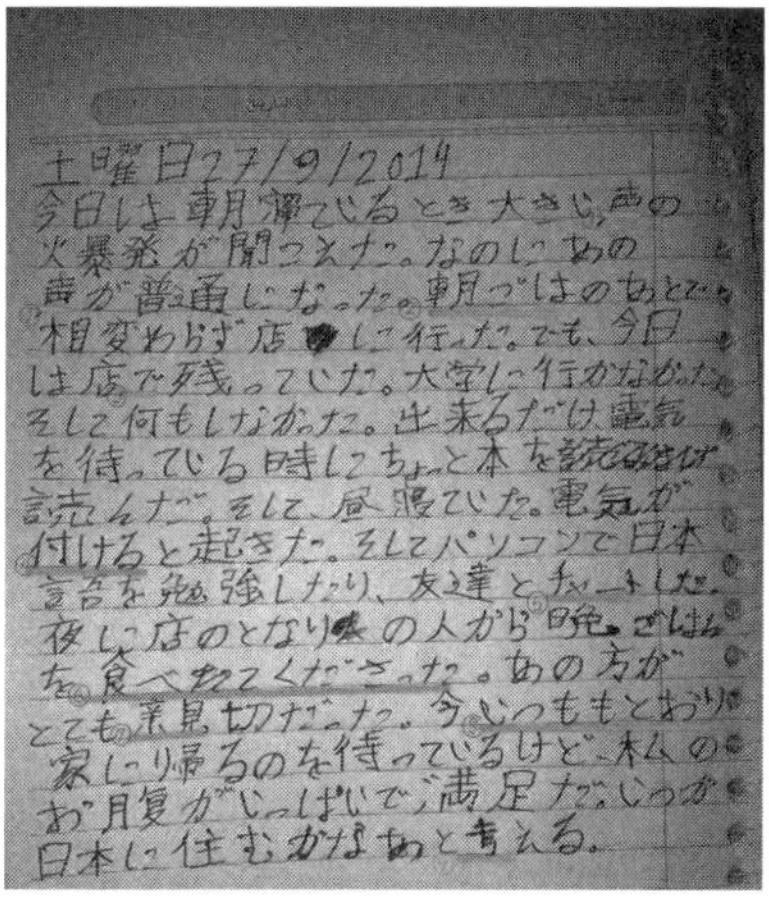
土曜日27/9/2014
今日は朝寝ているとき大きい声の
爆発が聞こえた。なのにあの
声が普通になった。朝ごはんのあとで
相変わらず店に行った。でも、今日
は店で残っていた。大学に行かなかった
そして何もしなかった。出来るだけ電気
を待っている時にちょっと本を
読んだ。そして、昼寝ていた。電気が
付けると起きた。そしてパソコンで日本
言語を勉強したり、友達とチャットした。
夜に店のとなりの人から晩ごはん
を食べてくださった。あの方が
とても親切だった。今いつもとおり
家に帰るのを待っているけど、私の
お腹がいっぱいで満足だ。いつか
日本に住むかなあと考える。

中山先生から返ってきた日記

この中山先生のご指導は本当にありがたかったです。わたしたちはたくさんのメールをやりとりしました。

「日本語コミュニティ」Facebookページ

日本語について質問があるときは、「日本語コミュニティ」というFacebookページがとても役に立ちました。このページでは、日本語教師の資格をもつ先生たちが参加者の質問に無料で答えてくれます。

世界中から五万五〇〇〇人を超える日本語学習者が登録していて、その人たちの質問投稿も見られるので、とても勉強になりますし、とても励まされました。

わたしが「日本語コミュニティ」に登録したのは二〇一四年でした。

そのころはシリア人のメンバーはほとんどいなかったようで、ページの管理者をされている吉開章先生は、わたしの突然の参加にびっくりされたようでした。

「中東・北アフリカでこんなに熱心な日本語学習者がいるとは知りませんでした!」

このあと、続々とシリア人のメンバーが増えて、アナスくんやラーミーくんはじめ日本センターの友達もたくさん登録するようになりました。

このページには文法や熟語の意味などでわからないことがあったとき、たびたびお世話になりました。たとえば、ラーミーくんが質問を投稿したときは、先生たちがこんなふうに答えてくれました。

ラーミー：「みなさんこんにちは。今日友達と勉強した時（「みんなの日本語」という教科書を）例文に次の文が書いてありました。「時間がないと、テレビを見ません」。これは正しくないと分

「日本語コミュニティ」Facebook ページ
https://www.facebook.com/groups/The.Nihongo.Learning.Community/

かっていますが、もし、「時間がないと、テレビを見えません」に変更したら、正しくなるでしょうか？」

先生たち：

・ならないですね。「見えません」は、テレビを見たいけど、前に誰か立っていたり、じゃまなものがあるから見ることができない……という意味です。

・「テレビが見られません」に変更すれば？

・それが正解ですね。「見れません」という人が多いかもしれませんが。

・「テレビが見えません」といいたいなら、「前に人がたくさんいて、テレビが見えません」とすればＯＫです。

こういった細かいニュアンスを確認できるのは、まさに「かゆいところに手が届く」で、たいへん助かりました。

「日本語の森」と慶應大との交流会

もうひとつ、戦争中のわたしの日本語学習の大きな味方になってくれたのが「日本語の森」のみなさんでした。

「日本語の森」は、日本留学経験者の朴晋佑さんという韓国のかたが作った日本語教育サービスです。「日本語の森」のYouTubeページに行くと、日本語のレッスン動画がたくさんあって、すべて無料で視聴できます。

二〇一四年当時は日本語を勉強する人たちが先生と話せるSkypeレッスンもありました。自分のSkypeのIDを登録してしばらく待つと、先生たちがコールをかけてきてくれます。スカイプを使うのははじめての体験でドキドキしましたが、おたがいの顔を見ながら会話をすることができるのは素晴らしい点でした。

もちろん、教科書やビデオでも日本語の勉強はできます。でも、実際に日本人と話して、会話のキャッチボールをしながら「自分の日本語が通じた！」という手ごたえを得られるのは、なによりのモチベーションになったのです。

当時、「日本語の森」には、けんと先生、みさと先生、ゆは先生、しんしん先生、CAN先生、ジン先生などの先生がいました。みんな、わたしと年齢も近くて、おもしろい先生ばかりでした。

この写真は、ある日のけんと先生とのレッスン風景です。

わたしのいる部屋が薄暗いのは、父の店の地下室だからです。ときどき通信状況がわるくて映像が見えなくなってしまうのですが、この日は運よく画面にパッとけんと先生の笑顔が映りました。最初にシリアのことや、シリアで有名な食べものについて話したあと、日本語の勉強でよくわからないことを質問しました。

わたし：けんと先生、「の」の使いかたがわかりません。たとえば、「牛乳を買うのを忘れた」。この「の」の意味はなんですか？

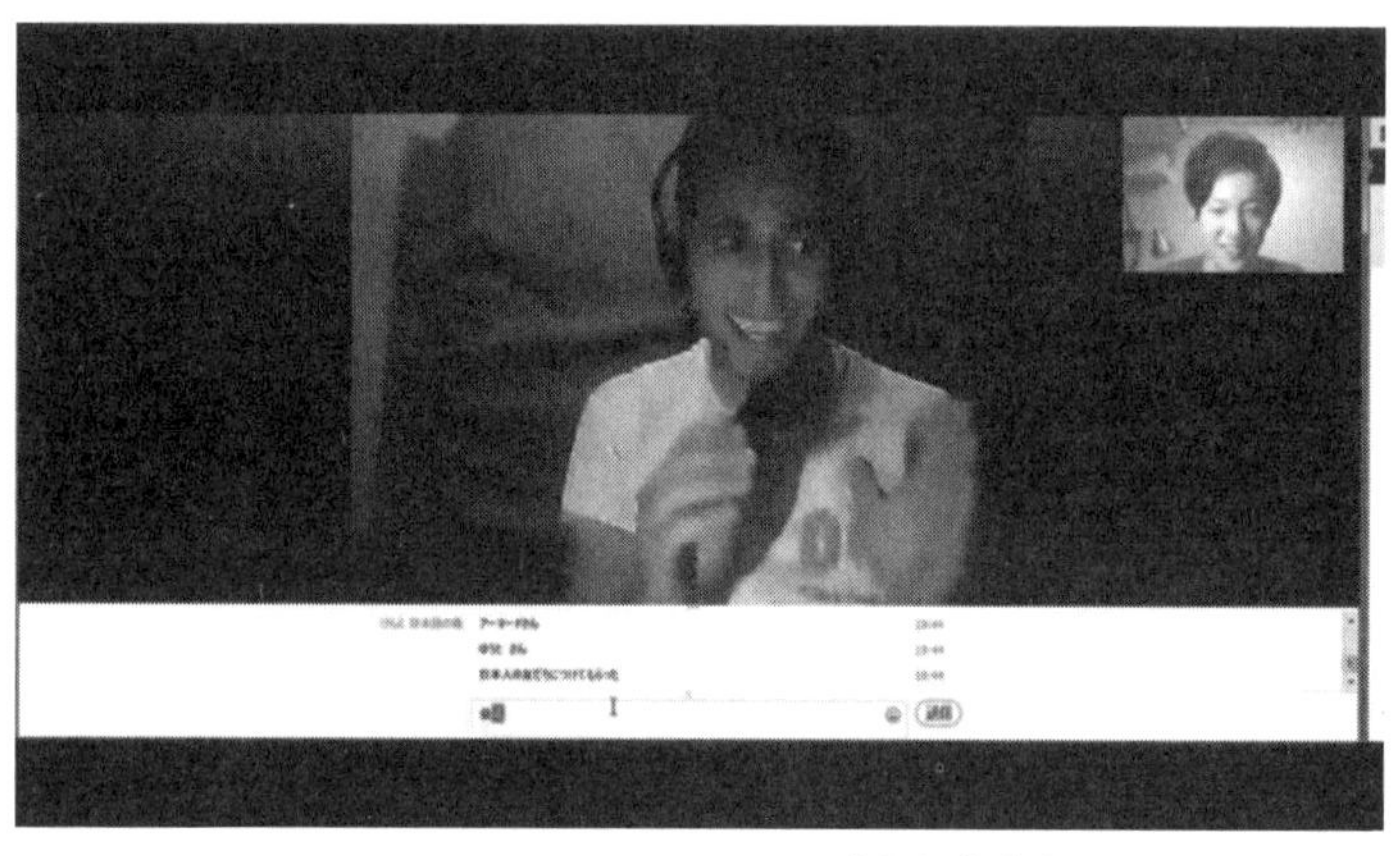

けんと先生とのSkypeレッスン

けんと先生：「こと」という意味です。

わたし：なるほど。もうひとつ質問です。「ぼく」と「わたし」は同じレベルの言葉ですか？　友達と話すときは「ぼく」、先生と話すときは「わたし」といいますが、先生にも「ぼく」といってもよいですか？

けんと先生：そうですね。「ぼく」は小さい男の子がつかう言葉でもあります。なので、大人になるとあまり「ぼく」は使いません。「ぼく」って子どもっぽいんですね。だから友達同士だと男の人は「おれ」ってよくいいます。少し強い言葉ですが。もしくは「自分」ですね。これは少し自信のない人が使います。でも、友達以外には「わたし」といいます。友達と話していても「わたし」という人もいますけどもね。だから「わたし」を使えば大丈夫です。ありがとうございました、アフマドさん。じゃあまた！

わたし：ありがとうございます。またお話ししましょう！

「日本語の森」の先生たちとの交流はいまもつづいています。二〇一八年には日本のお菓子がたくさんつまったボックスをアレッポまで送ってくださいました。ずっと応援しつづけてくれる先生たちに心から感謝しています。

日本センターでもうれしい計画が生まれました。以前から親(した)しくしていた慶應大の奥田研究室のみなさんとSkypeで交流会を開くことになったのです。シリアの時間は日本より六〜七時間遅れているので、うまく時間を合わせました。みんなでライブラリーに集まって準備万端(ばんたん)です。両国の学生たちの海を越えた会話がはじまりました。

「マルハバ！」（アラビア語で「こんにちは」）

懐(なつ)かしい奥田先生の顔と声です。戦争がはじまる前とちっとも変わりありません。

この日のテーマは「自分の国で好きな場所」でした。

最初に慶應大の学生さんが、アラビア語のフスハー（アラビア語圏共通の正則語。公的文書や報道で使われる）で、京都を訪問したときの思い出を話してくれました。

「京都で下鴨神社を訪(おとず)れました。とても美しい風景でした。次回みなさんが日本に来られるときにはぜひ訪問できるといいなと思います。」

つぎは日本センターの学生の番です。こちらは日本語で発表します。

「わたしがアレッポで好きな場所はジャミリーヤです。とても古いところです。約一〇〇年前に建てられました。一番古い建物は一八八三年にできました。ジャミリーヤはアレッポの中心です。いまはパソコンや電気製品の店がいちばんたくさんある場所です。そしておいしい食べものやお菓子もあります。ジャミリーヤはアレッポの『秋葉原』だと思います。わたしはジャミリーヤに住んでいます。毎日楽しくてにぎやかです。」

ジャミリーヤは当時、アレッポ西部（政府支配地域）の最東端になっていました。そこからそれほど遠くない、かつての街の中心部、サアドゥッラー広場や有名なアレッポの時計塔は、アレッポ東部（反体制派支配地域）とのちょうど境目になっていました。

そのことを話すと、奥田先生や学生のみなさんは、よく知る街の変わりように言葉をうしなわれたようでした。

慶應大の奥田研究室のみなさんとは、「アハラン・ワ・サハラン・プログラム」をとおしての交流もつづいていました。戦争中でしたが、二〇一五年には友人のラーミーくんが、二〇一六年にはハーリド・ハタビーくんが選抜されて日本を訪問しました。

YouTube 書道レッスンとアニメ部の自作漫画

わたしたちは日本語の授業だけでなく、部活動もつづけました。

部活動でもインターネットがおおいに力になってくれました。折り紙、書道、着付けのしかた、いろいろな日本文化が YouTube で学べます。

書道部ではとても素晴らしい先生と出会うことができました。日本の書道家の東宮たくみ先生です。東宮先生は Skype や YouTube をとおして書道の方法をていねいに教えてくれました。

東宮先生の YouTube はすばらしい知恵の宝庫でした。書道に必要な道具から、筆の洗いかた、「ゆめ」「なかま」「晴れた空」などいろいろな言葉や人の名前の書きかた、ペン字の美しい書きかたなど、なんでもここでわかります。

あるとき、東宮先生が、わたしたちシリア人のために「平和」という言葉の書きかたを動画で教えてくれました。

ひらがな、きちっとした漢字の楷書、すこしくずした漢字の行書、三つの書体の「平和」を、お手本用に朱い墨でていねいに書いてみせてくれました。

きっと、戦争下に生きるわたしたちに向けて、祈りを込めてくださったのでしょう。最後にお手本の書と並べて、シリアの国旗を並べてくれました。

筆の入りに、とめ、はね、はらい。力の入れかたやタイミングがちょっとずれるだ

東宮先生による「平和」の書道レッスン

けで、書道はまったくちがう字になります。

書道をすると筆と手に意識が集中して、とても心が落ち着くような気がします。

書道部ではこの動画を見て、美しい字を書くために、みんなでなんどもなんども練習しました。

【シリアの方へ】「平和（へいわ）」の書き方 How to write Heiwa（peace）for Syrian people
https://youtu.be/7GFXQfN5fSI

アニメ部も負けてはいませんでした。

これはアニメ部のバスマさん、ハヤさん、アブドゥ・ラフマーンさんがグループで描き上げた漫画作品のひとつ『APPLE PIE』です。自分たちで台本を考え、作画、トーン貼りもぜんぶ自前でこなしました。わたしの親友のアナスくんも先輩として制作に協力しています。

物語は、女子高生のみどりさんと親戚の男の子ゆうくんのドタバタコメディーです。

夏休みに、ちょっとこじれた性格のゆうくんといっしょに住んでお世話をすることになってしまったみどりさん。二人は果たして仲良しになれるのでしょうか？　お笑い、恋愛、思春期の複雑な気持ち。いろいろな要素をたっぷり盛り込んだ意欲作です。

セリフはぜんぶアラビア語のフスハーですが、日本の漫画のノリがよく研究されて再現されています。ちなみに、みどりさんの口グセ「かわいくないのー！」はアラビア語でいうと「レイサ・ゾリーファン！」です。

この『APPLE PIE』もそうですが、漫画やアニメのよいところは、主人公たちといっしょに笑ったり、おどろいたり、悲しんだりしながら、まだ体験したことのない出来事や世界を味わえることです。漫画やアニメはフィクションですが、

漫画部の力作『APPLE PIE』

ときに、現実を超えて心に響くメッセージを伝えてくれます。

例えば、尾田栄一郎先生の『ONE PIECE』。シリアの若者たちにも大人気です。ルフィ、ゾロ、ナミ、ウソップ、サンジなどの個性豊かな登場人物たち。かれらが織りなすゆかいなストーリーもそうですが、この漫画のセリフにはいつも心うたれます。


「命かけなきゃ未来は開けねぇ…だろ?」


ルフィたちの言葉は、戦争で希望を見失ってしまいそうになるとき、いつもわたしに勇気と励ましをくれました。

みなさんはジブリの映画『火垂るの墓』をご覧になったことがあるでしょうか?

戦争で両親を亡くした幼い兄妹がふたりだけで懸命に生きながらも、やがて力尽きて死んでいくというこの映画の悲しい物語は、シリアでも衝撃を呼び、多くの人が戦争の悲惨さを学んでいました。

親友で医学部生のラーミーくんは『火垂るの墓』のことを思い出して、こんなふうに書いています。

「子どものころ、『火垂るの墓』を見たときは、このような悲しく痛ましいことはもう起こることがないだろうと考えていました。むかしはこんなことがあったかもしれないけれど、いまはもう戦争の時代は去った。そう本気で思っていました。

でも、まさか自分の目で同じような痛みを目撃することになるとは思いませんでした。

緊急救命室に相次いで運ばれてくる怪我人を見て、戦争とはいかに残酷なものであるかが身にしみてわかりました。平和な時代が来ることを本当に心から祈っています。」

大切な人たちとの別離

あたたかでやさしい日本センターの外では、激しい戦闘がつづいていました。

治安の悪化によって、センターの大切な友人も、ひとり、またひとりと、アレッポからほかの地に避難せざるをえなくなっていきました。

突然の別れもありました。

わたしと同じ年に日本センターに入った親友のあめくんです。

ある年の冬、いつもと同じように仲間たちで集まっていると、あめくんがわたしたちにいいました。

「こんど、日本に留学するための試験を受けにトルコに行くんだ。」

「そうなのか。じゃあ、帰ってきたらなにをしようか。」

「次のジャパンフェアでなにをするかも決めなくてはいけないね。」

そのときのわたしたちは、トルコでの試験が終わったら、またあめくんと一緒に過ごせるとつゆほども疑わず、無邪気(むじゃき)にこれからのことについて談笑していました。

出発の朝、あめくんが電話をくれました。

「これから行ってくる。」

「がんばって！　成功を祈る。」

いつものように声をかけたそのときが、シリア国内でのあめくんとの最後の会話になってしまいました。

トルコに向かったあめくんは、突然のアクシデントにより、アレッポに戻れなくなってしまったのです。わたしたちはとても心配しましたが、あめくんの安全をただ祈るしかありませんでした。

その後、あめくんは紆余曲折をへて、いまは遠いヨーロッパの地で暮らしています。

あめくんがいまも無事に勉強をつづけていることはとてもうれしいことです。

でも、大事な思い出をいっしょにたくさん共有してきた仲間がそばにいないのはとてもさびしいことです。わたしたちの心にぽっかりと穴が空いてしまったようでした。

コラム

遠くヨーロッパからシリアを想う

アフマド・シャーゲル（友好あめ）

アレッポ大学土木工学部に在籍（～2014年）。元同大学術交流日本センターボランティア。現在、イギリスに在住。

日本に興味をもちはじめたのは高校生のときです。わたしが関心をもったのは日本の発展や社会秩序で、これは自分が大きな価値をおくものであり、当時のシリアに欠けていたものでした。ほかの学生とちがい漫画やアニメといった芸術方面にはあまり関心がなく、ふだんはアニメを観ることもありませんでした。

大学初年度、ジャパンフェアのうわさを聞いて参加しました。会場で実際に日本の人たちが自文化を披露している姿に魅せられ、二〇一〇年から日本センターに通いはじめました。センター初日、レベル1のクラスで出会ったのが優人くんです。同じクラスに約二〇人の学生がさまざまなきっかけで参加していましたが、みんなの目的はひとつ、日本語を学ぶことでした。

二〇一一年に戦争がはじまると、日本センターは語学教育だけでなく、学生同士のつながりの重要な場にもなりました。優人くんとアナスくんとわたしはセンターのライブラリーのボランティアの一員でした。副センター長のアルマンスール先生が整えてくれた理解ある環境で、わたしたちはいつも集まって、友好を深めることができました。

どんどん悪化する状況から、ひとときでもわたしの心を離れさせてくれたのは、日本の音楽やドラマでした。わたしはよく「いきものがかり」のCDを聴きました。『1リットルの涙』『JIN』『特上カバチ!!』などのドラマ作品も印象深く覚えています。こうした作品を楽しむことで、リラックスできて、「どんなこともいずれは過ぎていく」と思い直すことができました。

わたしがアレッポを出ることになった経緯には、ある種、数奇なものがあります。

二〇一四年の暮れ、わたしは日本留学のためにトルコで英語の試験を受けることになりました。出発の日、わたしは喜びと不安が入り交じる複雑な気分でした。わたしにとってははじめての外国旅行だったのです。姉は「長いあいだ離れることになってしまう気がしてならない」と涙を流しました。わたしは姉にジョークをいい、帰りのチケットを見せて大丈夫だといいましたが、家族に別れを告げると涙で視界がぼやけました。

あめさん（右）と筆者。雪の日の日本センターで。

父が港までついてきてくれました。父はふだん、感情をあらわにするような人ではありません。しかし、その日は泣きながらわたしを抱きしめ、「しっかりな、気をつけていけよ」といいました。そしてわたしはトルコに旅立ちました。

三週間後のある日、幸いにもトルコで受けた試験で好成績をおさめたわたしは、そろそろシリアに帰ろうと準備をしていました。深夜二時ころ、一件のメール着信がありました。開いてそれを読んだわたしは号泣（ごうきゅう）しました。それは日本からのメールで、大学側の事情でわたしの留学が不可能になってしまったという内容だったのです。

故郷にもちかえるべきニュースをなくしてしまったわたしは、状況が悪化の一途をたどるアレッポには戻らず、トルコで働きながら、新しい奨学金を探すことにしました。そして五カ月後、いくつか合格したなかからEUの奨学金を選び、ヨーロッパに渡って研究をつづけ、いまに至ります。

わたしは日本には行きませんでしたが後悔はしていません。すべてはわたしにとってベストだったと思います。いまでも日本のことは好きです。日本の文化は厳しい時代にわたしをとても助けてくれました。日本語をとおしてかけがえのない友人たちと出会い、かれらとよい関係を築くことができました。わたしが悔（く）やむ唯一のことは、シリアの家族や友人にちゃんと「さよなら」をいえなかったことです。シリアの状況がよくなって、またみなに会える日を待ち望んでいます。

コラム

アラハン・ワ・サハラン・プログラムの思い出

ハーリド・ハタビー（永志）

アレッポ大学医学部卒業。元同大学術交流日本センターボランティア。現在、東北大学大学院医学系研究科博士課程。

わたしがはじめて来日したのは二〇一六年の秋、慶應義塾大学アラビア語研究室が主催していた第一五回アハラン・ワ・サハラン・プログラム（ＡＳＰ）に招聘されたときでした。

日本語の勉強を始めてから三年ぐらい経つころでしたが、その間の学びをついに本場で活用できることになって、本当に嬉しかったことをいまだに記憶しています。

ＡＳＰでは、イスラーム圏の学生たちとアラビア語を勉強している日本人学生たちが、二週間のあいだ、興味をもった課題について一緒に調べ、レポートを書き、最終的には、二〇〇人ほど入る大講義室で発表をおこないます。

わたしのテーマは「内も外も綺麗に～シリアと日本の街と家～」。両国の衛生観念や美化活動を取り上げ、心の綺麗さが平和にもつながることを話しました。こんなに大勢の人の前で発表をするのは人生ではじめてだったので、緊張でいっぱいでしたが、震えながらも最後までやり切って、達成感を覚えました。このときの発表のことは毎日新聞にも掲載されました（二〇一六年一一月九日夕刊八面）。

レポートのほかに、アラビア語の授業に参加して、ゲスト講師として母語で講義もさせていただきました。学生のみなさんに理解してもらうために、アラビア語と同時に日本語への翻訳も駆使して、二カ国語のたいへん楽しい授業になりました。アラビア語を教えるおもしろさに気づいたのはそのときです。

週末はキャンパスを離れて、みんなでお出かけを楽しみました。一週目は鎌倉市と東京へ遊びに行き、二週目は富士山登りでした。

鎌倉ではこんな思い出も。班行動で終日の散策を楽しみ、夜になって帰ろうというそのときに、大好きなスタジオジブリのグッズが販売されている「どんぐり共和国」というお店を見つけてしまいました。もう帰る時間だったのですが、「行きたいなぁ」というわたしのわがままにみなさんが付き合ってくれました。恥ずかしかったですが、子どもみたいに喜びました。

ＡＳＰの二週間はあっという間でしたが、一生の友達ができ、満喫して過ごせた貴重な時間でした。思い出すと今も懐かしい気持ちが溢れてきます。

2016年ASPでの写真　上：友人と　下：富士山

第6章

戦火のなかのジャパンフェア

二〇一四年ジャパンフェア

戦争のなかでも、日は昇り、そして沈み、また朝が来て、季節はめぐります。必死に一日一日を過ごすうちに、二〇一四年もまたジャパンフェアのシーズンがやってきました。

戦争がはじまって日本の人たちがアレッポを去ったあとも、わたしたちはシリア人だけで、毎年ジャパンフェアの開催をつづけました。

ジャパンフェアはわたしたちの一年間の勉強の成果を発表する大切な場、そして、アレッポ市民にとってはめずらしい日本文化を楽しめる貴重な機会でもあります。ジャパンフェアに参加して「日本語を学びたい」と日本センターに入る人も多いので、わたしたちも気合いが入ります。

展示や演し物の企画は、毎年、学生たちが知恵をしぼって、楽しいプログラムを計画します。開催の一カ月くらい前になると、展示品を作ったり、日本文化の実演の練習をしたり、日本センターの学生たちはおおいそがしになります。

一二月一三日、待ちに待った開催日がやってきました。

まずはエントランスでの学生たちによるオープニングソングの合唱で幕開けです。

今年の歌はＫＡＮさんの「愛は勝つ」です。

学生のアヤさんがセンターに立って音頭をとり、みんなで元気に歌いました。困難にもくじけずに、信じること、愛することを忘れないでいようというこの歌は、戦争の最中にいるわたしたちの気持ちにぴったりでした。

今回も、日本語演劇、漫画・アニメ、生け花、折り紙、書道、着物、将棋、茶道など、二〇種類近くの展示や演し物を用意しました。

センターの学生たちは、ジャパンフェア用のお祭り法被や浴衣を羽織って準備万端です。コスプレをする学生もいます。わたしは鉢巻とレプリカの日本刀でサムライ風にきめてみました。イスラーム教徒が多いシリアでは、ヒジャーブ（髪を隠すためのスカーフ）をかぶる女子学生も多いですが、イスラーム式の服装にも意外と着物はマッチするのがおもしろいところです。

開始時刻になって入り口を開けると、「ワッ！」とお客さんたちがセンターになだれこんできました。

2014年ジャパンフェアの様子

小さい子たちに人気なのは折り紙コーナーです。

お客さんに色とりどりの紙をわたし、学生たちがひとつひとつ順番に折りかたを教えてあげます。

折り紙は文字どおり、一枚の紙を折っていくというシンプルな遊びです。しかし、これが実際にやってみるとなかなか奥深いのです。紙のはしとはしをぴったり合わせたり、折ったところをきれいに開いたり……みんな最初は苦労しますが、だんだんと「鶴」や「手裏剣」の完成形が見えてくると、パッと目が輝きます。

折り紙部の部員たちはこの日のためにせっせと緻密（ちみつ）な作品を折り上げます。かれらの得

折り紙作品の展示

意技は、小さな折り紙でたくさんのパーツを用意して、それらを組み合わせて大きな作品を作ることです。毎年、アニメや漫画のキャラクターや動物の折り紙がずらりと展示される様子を見ては、折り紙部員たちの器用さに感心します。

茶道部ではきちんと茶杓（ちゃしゃく）や茶筅（ちゃせん）、茶器を使って本格的にお茶を点（た）てます。いまや貴重品（きちょう）となったのこりすくない抹茶にお湯を注いでシャカシャカと茶筅でかき混ぜる様子を、お客さんたちがとても興味深そうに眺（なが）めています。シリアではお茶といえば紅茶なので、はじめて味わう抹茶の苦さにはおどろく人が多いです。

会場の片隅の日本の民芸品コーナーもみんなの目を引きました。こけしや門松、だるまなどといっしょにスカイツリーや大阪城の模型が並んでいます。これは慶應大の奥田研究室からジャパンフェアのために贈られてきた日本のランドマークのペーパークラフトです。担当の学生たちが来る日も来る日も、注意深く組み立てていたのを思い出します。

ジャパンフェアではスタンプラリーも用意しました。たくさんあるコーナーをぜんぶコンプリートすると、もれなく「平和」の文字が書かれた絵馬（えま）がもらえます。

お客さんの案内に夢中になっているうちに、あっという間に終了時刻です。今年のジャパンフェアも大盛況のうちに幕を閉じました。年に一度の大行事が終わって、わたしたちもホッと一安心です。今年もたくさんのお客さんがわたしたちの活動を見にきてくれました。

そうこうしているうちに、二〇一四年も大晦日(おおみそか)がやってきました。この日、わたしはFacebook の投稿で、行く年と来る年に向けての気持ちをこのように記しました。

二〇一四年もひどいことがいっぱい起こりました。でも、わたしにとっては同じくらい美しいこともいっぱい起こった年でした。なぜなら、シリアでも、海外でも、たくさんの優(やさ)しくて、尊敬できる友達や大切な先生たちと知り合うことができたからです。日本からのプレゼントも受け取りました。わたしたちは家族みたいです、本当に。この年の出会いのすべてにとても感謝しています。二〇一五年は世界中が平和と愛でいっぱいの年になりますように。(二〇一四年一二月三一日)

四年ぶりの日本人訪問

二〇一五年新年にはとてもうれしい出来事がありました。

一月二八日、四年ぶりに日本センターに日本人の来訪があったのです。国連食糧農業機関（FAO）の日比絵里子さんです。

FAOは内戦下でもシリアで食糧の生産が継続できるように、小麦や野菜の種の配布や、家畜の病気予防の支援をしてくれていました。

日比さんは、二〇一一年三月から、シリア現地事務所長として、その支援活動の先頭に立たれてきたかたです。日比さんは笑顔がとても素敵で、センター一同お会いできて本当に感激でした。

さらに、翌日二九日もわたしたちにとって特別な日となりました。朝日新聞のイスタンブール支局長、春日芳晃さんが日本センターを訪問してくださいました。

当時のシリアは、政府軍と反体制派だけでなく、ISなどの過激派勢力も戦いにくわわって混迷が深まるばかりでした。アレッポでも近隣のIS支配地域からたくさんの人が避難してきました。春日さんは、戦火をかいくぐって、シリアでいま起きていることを取材しにきてくれたのです。

日本センターではアルマンスール先生や学生たちが春日さんのインタビューに答えて、書道の実演を披露（ひろう）しました。

「友だち、友だち、友だち……」

東宮先生に習ったとおり、筆づかいに気をつけながら、わたしたちの大好きな言葉を何枚も書きました。春日さんは日本センターの学生たちが、「とめ」や「はね」などもしっかりできていることに感心してくださったようでした。

春日さんは勇敢な新聞記者であると同時に、とても心優しい人でした。学生たちがセンターのなかを案内しながら戦争での経験を話すと、涙を流されていました。久しぶりに日本語で話ができて、わたしたちはみな、懐かしい気持ちでいっぱいになりました。とても幸せな二日間でした。

春日さんは日本センターを訪問したことをTwitterで発信してくれました。

朝日新聞・春日さん（右）の来訪

写真はアレッポ大学日本センターで日本語を学ぶ皆さんです。アレッポはシリア最大の激戦地。大学にも何度も砲弾が着弾し、多くの死傷者が出ています。内戦下の過酷な環境にもかかわらず、日本語を学び続けるアレッポの若者と出会い、胸を打たれました。

（二〇一五年一月二九日）

このときのことは「前線から五キロ　日本を学ぶ」の見出しで朝日新聞の記事にもなりました（同年二月一九日朝刊一三面）。

自分たちのことが日本の新聞記事になるなんて、とても不思議な気分でした。でも、世界のなかで孤立したわたしたちの存在を見捨てないでいてくれる人がいる、ということは心からうれしいことでした。

この日のご縁から、朝日新聞はわたしたちの日本センターを折にふれて取材してくれるようになり、二〇一七年一月にはふたたび春日さんが、八月にはイスタンブールの新支局長の其山史晃さんとカメラマンの杉本康弘さんがセンターを訪問してくださいました。

悪化する内戦

喜びとともに明けた二〇一五年でしたが、アレッポをめぐる戦いはさらに激しくなっていきました。この年の秋からはシリア国内の各勢力にくわえて、ロシア軍も本格的に参戦して、反体制派地域への攻勢が強まっていきました。

わたしのFacebookの投稿を見ると、二〇一五年からしばらく投稿がとぎれとぎれになっています。一月に日比さんや春日さんとの写真をアップしたあと、次の投稿は四カ月後の五月八日です。この間、アレッポでは、二月ころから市全域でインターネットが切れてしまっていたのです。

街でも大学でも危険が高まるなかで、かろうじて世界とつながる「糸」となっていたネットまでうしなってしまい、わたしにとって精神的にも非常につらい時期がはじまりました。

拝啓

大事な先生達、友達、大変ご無沙汰していました。お元気にしていますか…

わたしたちは「酷（ひど）い嵐のなかをまだ歩きつづけている」そのような運命のなかにいます…

一カ月以上前から、シリアの戦場ではいろいろな新しい変化がありました。たくさんわるいうわさが出たり、すごく危ない状況が増えていったり、そうした状況のなかで過ごしています。インターネットの接続も遮断されてしまい、いつ戻るのかだれも知りません……

何が起こっているのか？　わたしたちの運命はどうなるのか？　本当にだれにも分かりません。複雑なことです……

ですが、こんなことがあっても、わたしたちシリア人は絶対に諦（あきら）めません。いままでも、わたしたちは自分たちの運命を戦って、一生懸命頑張って生きて、平和のために祈り、願っています。

インターネットで連絡をすることができません。現在はなんとか、このようなたいへんなメッセージをお送りするしかない状態です。

みなさん、先生たち、友達たち。いままでいろいろありがとうございました。とてもお世話になりました。

よい情勢になったら、またぜひ連絡しますね。みなさんがとても恋しいですよ。

そのときまで、わたしのことを忘れないでくださいね……

お知らせ：わたしの友達のおかげでこのメッセージをFacebookに載せることができました。友人に感謝です。

敬具

アフマド・アスレ（大好きな日本の名前で〝優人〟より：）

シリア・アレッポの街から。　（二〇一五年五月八日）

街はますます危険になっていました。

あれはちょうど日本の終戦記念日とおなじ八月一五日のことでした。期末試験の初日、わたしは自宅近くのアーザミーエ地区で試験の開始を待っていました。すると、とつぜん、すぐ近くで戦闘がはじまったのです。

至近距離にミサイルが着弾し、一歩まちがえば直撃を受けるところでした。わたしは命からがら自宅までたどりつきましたが、その後、半日近くおそろしい戦闘がつづき、その日は結局、試験を受けることができませんでした。この日ははじめて〝死〟を身近に感じ、耐えられない思いに駆(か)られました。

インフラの状態もふたたび悪化しました。

夏のいちばん暑い時期なのに、もう一カ月以上も水がありません。水は人間の身体にとっていちばん大切なもの。健康な成人男性のわたしが悲鳴を上げるくらいですから、小さい子どもやお年寄り、病気の人はどんなにたいへんかわかりません。アレッポ市民にとってたいへん厳しい生活がつづきました。

九月の中旬には、これまで無事だった通りにも爆弾が落ちはじめました。

その惨状は言葉にできないものでした……「血の一日」だったというしかありません。

数日後、こんどはこれまでにない近さで爆弾が炸裂(さくれつ)しました。わたしはちょうど水汲(く)みに行くとちゅうでしたが、破片が飛び散る方向と逆側にいたので命を救われました。人は極限状況になると「怖(こわ)い」の感情を超えて、もう無言になるしかない、ということを知りました。

小説の言葉がもっとも心に響くのは、こうした試練のときなのかもしれません。このころ読んでいた村上春樹さんの『海辺のカフカ』に、こんな文章がありました。

> 君はじっさいにそいつをくぐり抜けることになる。そのはげしい砂嵐を。形而上的で象徴的な砂嵐を。でも形而上的であり象徴的でありながら、同時にそいつは千の剃刀のようにするどく生身を切り裂くんだ。何人もの人たちがそこで血を流し、君自身もまた血を流すだろう。温かくて赤い血だ。君は両手にその血を受けるだろう。それは君の血であり、ほかの人たちの血でもある。

ここで「砂嵐」に象徴されているのは「運命」です。わたしには、いま、まさに自分はこの「砂嵐」に翻弄されているように感じられました。この文章はこうつづきます。

> その砂嵐が終わったとき、どうやって自分がそいつをくぐり抜けて生きのびることが

できたのか、君にはよく理解できないはずだ……でもひとつだけはっきりしていることがある。その嵐から出てきた君は、そこに足を踏みいれたときの君じゃないっていうことだ。そう、それが砂嵐というものの意味なんだ。

わたしもここで書かれているように、いつかこの運命の奔流から抜け出せるときがくるのだろうか？　いまは「そうだ」と固く信じるしかありません。

わたしたちムスリムは一日に五回のお祈りをします。けれどこのころは、それ以外にも神様にお祈りすることが以前よりも増えたように思います。

お祈りをするととても心が落ち着きます。わるいニュースばかり耳にして暗い気持ちになった日も、爆撃の轟音が遠くから響いて怯えた日も、神様と祈りをつうじて対話することで、また明日もくじけず生きつづけようという気持ちをもちつづけられました。

長期の通信不能状態が回復しはじめたのは、暑い夏が過ぎて秋になった一一月、じつに九カ月後のことでした。このころ、アレッポでは、ロシア軍による東部（反体制派・ＩＳ支配地域）への猛烈な空爆がはじまっていました。

アレッポでインターネットラインの修復についてたくさんのうわさが出てきました！　どうか実現しますように。（一一月一〇日）

さいきん、戦闘機の音が本当に恐ろしい……（一一月一八日）

アレッポで九カ月ぶりにやっとネットの接続が戻りましたが……（一一月二六日）

ネットが直っても速さがすごく遅い。これではなんの役にも立ちません。（一二月三日）

わたしたちの魂が安心できる日がいつ来るのだろうか？　このときはまったく見えない状況でした。

わたしはＳＮＳで毎日、爆発や爆弾の落下など、周囲で起こっていることを日本語でつぶやきつづけました。いまのアレッポの窮状を日本の友達たちにも伝えたかったのです。

しかし、不思議なことに、日本のみんなからあまりコメントが返ってきません。

なぜだろう、みんなシリアのことに興味がなくなってしまったのかな？　と思い、率直に投稿でその理由を日本のみなさんに問いかけてみました。すると、こんな答えが返ってきました。

「シリアの状況があまりにひどくて、どう言葉をかけていいかわからなかったんです。」

これには「なるほど、そう思うのか。」と意外な気分でした。

シリアでは悲しいことにもう爆発が日常茶飯事になってしまったということもあるかもしれませんが、だれかが危ない目にあったことを投稿すると、すぐに知人から「大丈夫？」「無事でよかった。」「神が助けてくださいますように。」「神様が守ってくださいますように。」と矢継ぎ早にコメントが返ってきます。

国がちがうと、思いやりをどうやって示すかもまたちがうのだ、ということをこのときは学びました。

ぼくらは同じ空の下

わたしたちの旅路はとても困難でした。でも、そのとちゅうにも「オアシス」はあります。わたしにとってそれは、日本センターで仲間とすごしたり、日本語をつうじて外の世界とつながったりする時間でした。

二〇一五年、今年もまたジャパンフェアの季節がやってきました。

今年も会場はアレッポ大学の学生や一般市民のお客さんでいっぱいです。展示ブースの作品も、前回にもまして学生たちの力作ぞろいとなりました。

一二月二日、初日開幕！　きょうの紹介活動は折り紙と茶道です。

一二月九日、二日目の紹介イベントは書道と着物です。そろばんの展示もあります。着付けコーナーでは、はじめての浴衣(ゆかた)姿をセルフィーで撮影するお客さんたちでいっぱいでした。浴衣は服の上からでも着せてあげることができるので、簡単に着物体験ができます。

わたしたち書道部もはりきって練習を重ね(かさ)て、お客さんのまえで書道の実演を披露(ひろう)しました。実演者は浴衣を着て、教室の床に置いた座布団の上に正座して、姿勢を正して文字を書きます。

まわりにはたくさんの見物人。「善は急げ」「勇気」……書道部のメンバーたちが日本語を書き上げていく様子を、みな興味深げに見つめていました。

親友のアナスくんの番が来ました。アナスくんは筆に墨汁(ぼくじゅう)をふくませて、一画一画、心を込めて字を書いていきました。

「僕らは同じ空の下で」

とても素晴らしい書ができました。

「たくさん人がいて緊張したよ。」

アナスくんははにかみながらそういいました。

この言葉を見ていると、アレッポを去っていった日本の先生、他の街や外国に移らなければならなかったアレッポの友達――離れていても、わたしたちはひとつ同じ空の下。だから、次にまた会える日のために、お互いにそれぞれの場所でがんばりましょう！　と勇気が湧いてくるのでした。

一二月一六日はいよいよ最終日。

きょうのプログラムは日本のアニメとゲームの展示、歌舞伎の紹介イベントです。あやとり、けん玉、福笑い、将棋、豆移し（箸で箱のなかの豆をはさんで他の箱に移すゲーム）、フィギュアづくりなど日本の遊びを体験できるコーナーも用意しました。

アニメのコーナーには、アニメ部員たちが描いた漫画作品といっしょに大きなジグソーパズルを飾りました。

これはこの年の初夏、日本の大切な友達、鈴木雄太さんがわたしたちに送ってくれたものです。『ONE PIECE』のルフィーが描かれているもので、なんと一〇〇〇ピースもありました！　六月一四日から二八日まで二週間にわたって日本センターに集まって、みんなで力を合わせて完成させました。

フィナーレの舞台では、アフマドくんがすばらしい歌舞伎の舞を披露してくれました。アフマドくんはYouTubeでたくさんの歌舞伎の動画を観て研究を重ね、「獅子の舞」というオリジナルの作品を完成させたのです。

顔を白くぬって朱色と黒の隈取りをし、獅子のたてがみに見立てた赤毛のかつらをかぶったアフマドくんが力強く舞う姿は、まさにパワフルで威厳のある百獣の王そのものでした。アフマドくんが狩りをする獅子のように舞台から飛び出ると、観客から大きな歓声が上がりました。舞台と客席が一体になり、かつてない盛り上がりで幕を閉じました。

こうしてすべてのプログラムが終了しました。今年のジャパンフェアも大成功でした。みんなで楽しく美しい時間を分かち合えて、センターの学生たちは充実感で胸いっぱいでした。

今年もあとわずかになりましたが、アレッポの街ではあいかわらず戦いがつづいていました。

2015年ジャパンフェアの様子
上：豆移し　中：アニメ部の作品　下：獅子の舞

また新しい爆弾攻撃があり、破壊などがあります。（一二月二一日）

毎日新しい冒険があり、助け合うこともできます。生きているから頑張ります。そして笑顔を出します。毎朝新しい日があり、友人と約束をすることもできます。（一二月二一日）

昨日はまた学校でロケットの爆弾で一〇歳の子供の知り合いが亡くなってしまいました……（一二月二四日）

希望を手放しそうになっては、また必死につかみ直す。このころはひたすらそのような毎日だったと思います。新しい二〇一六年の朝も爆弾攻撃ではじまりました。一月一日、わたしはこのようなメッセージを投稿しています。

わたしにとって二〇一五年は、戦争と体調不良の両方に見舞われた二〇一一年の次に厳しい年でした。わたしにも家族にも重大な変化を与えました。数多くの大切な友人を喪いました。かれらと過ごした美しい日々をわたしは忘れることはないでしょう。わたしたちの生活は以前と比べてとても変わりました。そして、わたしが〝死〟を感じることも以前よりとても多くなりました……。しかし、幸せと喜びを感じるよいこともありました。わたしを応援しつづけてくれている新たな素晴らしい友人たちにたくさん出会えたことです。

　友人のみなさん、世界のみなさん、二〇一六年明けましておめでとうございます。戦争がなく平和な未来が一日も早く来ますように。（二〇一六年一月一日）

アレッポ攻防戦の終わり

しんしん、しんしん……

白い雪が音も立てずにアレッポの街に降りつもっていきます。

二〇一六年の年明けは、とても寒くなり、たくさんの降雪がありました。

一月五日、アレッポの電気が三カ月ぶりに復旧しました。しかし、電気が来るのはごくわずかな時間だけで、電力も非常に弱いものでした。
ニュースや周りの人から聞くアレッポの戦いのうわさは、耳をふさぎたくなるような悲しい話ばかりでした。

　どうして人間の心がそんなに真っ暗だろう……事態は良くなると期待したが、しかし実際のところはますます悪化している……（一月一〇日）

そんななか、日本のみなさんからの応援の言葉はわたしたちの大きな励みになりました。
二月一一日、東京都多摩市にある大妻多摩中学高等学校の生徒たちから日本センターに書道道具のプレゼントが届きました。戦争がはじまってからは、半紙や筆、墨を手に入れるのがとても難しく、貴重な半紙を節約するためにコピー用紙で書道を練習していました。それなのでこれはとてもうれしい贈りものでした。

　この年、政府軍が反体制派の制圧を目指して、アレッポ東部に猛攻撃をかけていました。二〇一二年以来、アレッポは西部と東部に分断されていましたが、もともとは同じ街、わ

大妻多摩中学高等学校からの書道用品のプレゼント

たしたちの故郷です。いずれの側であっても、ひとりでも多くの同胞の無事を祈るばかりでした。

アレッポの戦いはまた戦いが激しく燃え上がって、たくさん犠牲者や破壊が出ている。（四月二五日）

すごく悲しいニュースです。病院でも、大学でも攻撃されました。今日、日本センターの学生の友達が亡くなってしまいました。たくさん人が命を落としています。（四月二九日）

もう悲しいことを我慢したくない……何も変わらないから、希望の笑顔を持って、世界中に広げましょう。（五月二日）

攻撃のなか、アレッポ大学にいる学生たちが校舎の地下に逃げました。なんて危なくて、厳しい時間を過ごしているのだろう。（五月四日）

危険な毎日のなかでわたしたちに希望を与えてくれたのは、五月二〇日に発表された、日本政府の留学生支援のニュースでした。

混乱がつづく中東への支援策のひとつとして、今後の五年間に最大一五〇人のシリア人難民を留学生として日本に受け入れることが決定されたのです。

わたしはこの知らせをFacebookの投稿で知りました。難民に限定されてはいますが、狭き門だった日本留学のチャンスが増えるのは本当に素晴らしいことです。

朝日新聞の春日さんからこのニュースについて電話で取材がありました。

「戦争で破壊された街を元どおりにするには高度な技術をもつ日本の助けが必要です。わたしも将来、日本に留学して、シリアと日本の『懸け橋』になりたいです」

そのときわたしが胸を弾(はず)ませながら春日さんに語った言葉は、新聞記事にも掲載されました（『朝日新聞』二〇一六年五月二五日朝刊一〇面）。

厳しい状況ですが夢のために挫(くじ)けてはいられません！

ネットの速度が悪く、頭が痛いです。なんて無駄な時間を過ごしているのでしょう。遅いー。ラマダーンの期間で時間はないし、用事がたくさんあるし、この街の戦いはあいかわらず激しいし、大学の試験のために状況は厳しくても一生懸命勉強して準備しなきゃいけない！（六月一二日）

夏になりました。東部から西部に毎日のように迫撃砲やロケット弾が飛んできます。軍事ポイントも市街地も関係ありません。

秋にかけて政府軍対反体制派の戦いは最終局面に入っていきました。「東部の包囲が一部破れたらしい。」「あの地区は奪還されたようだ。」いろいろなうわさが飛び交いましたが、本当の状況はだれにもわからず、また、刻一刻と変わっていきます。

今日はアレッポ大学で死ぬところだった。日本センターの中にいるので、負傷はしなかった。良かったー。どこへも行っても死ぬ可能性が高い……なんて危ない時だ……（八月二日）

また、私のテストの前にアレッポ大学が攻撃された。今度は電子計算機学部、教職員組合、法学部のほうで爆発があった。とても近いです。（一〇月四日）

やっと二年ぶりにアレッポのＤＳＬネットの速さが元に戻りました！（一〇月一二日）

大きな戦いの中でまだ生活しています。ネットのつながりが戻ってきたけど、数時間だけと思う……（一一月二日）

危ないところだった！！！至近距離に爆弾が落ちて、はじめて吹き飛ばされました。爆弾が落ちた建物は黒焦げになり、炎が上がっています。（一二月一〇日）

そして、年もおしせまった一二月二二日、アレッポ東部の奪還宣言が政府軍の総司令部から発表されました。大局的にはこれがアレッポの戦いの大きな節目となりました。

それ以降も戦闘は散発的につづきました。

翌年も、学校や病院、赤新月社（せきしんげっしゃ）の支援センターなどへの攻撃で罪なき市民が命を落とすこともありました。

ですが、これ以降、少しずつ、少しずつ、アレッポの街で戦争が収束しはじめたのもたしかです。

二〇一七年、新しい年が明けました。今年もわたしの願いは変わりません。シリアと世界の平和、そしてシリアと日本の友情です。

わたしにとって二〇一六年にはいろいろなことがあって、たくさんの経験をさせていただきました。たくさんの悲惨や

アレッポ城で友人たちと

困難や壁があっても、一生懸命頑張って、未来に向かって進みつづけました。朝日新聞の記者、春日芳晃さんが、わたしと友達のことを記事に書いて、日本の友達にわたしたちシリア人のメッセージを伝えてくださいました。とてもお世話になりました。

今年もお世話になります。よろしくお願いしますね。(^_^)

二〇一七年も平和のため、よい世界のため、一生懸命頑張りましょう。

（二〇一七年一月一日）

コラム

日本センターの学術と言語による戦い

アフマド・アルマンスール

元アレッポ大学機械工学部准教授および学術交流日本センター副センター長。現在、慶應義塾大学総合政策学部訪問講師。

わたしが奨学金試験に合格して、はじめて日本の土を踏んだのは一九八九年四月でした。なぜ日本に来たかというと、一つの「挑戦」です。日本はシリア人にとっては遠くの不思議な国。いままでシリア人が行っていないところに行きたかった。

はじめは東北大学で日本語を勉強し、茨城大学で修士課程、広島大学で博士課程に在籍。その後、東京大学ほかでポスドクや助手として勤務し、気づけば一〇年間も日本に住んでいました。

一九九九年、日本での研究生活を終えてア

レッポ大学に戻り、機械工学部の准教授とともに日本センターの副センター長に就任しました。

もともと日本センターは、一九九五年、当時アレッポ大学に在外研究にいらしていた慶應義塾大学元教授の奥田敦先生が現地での日本人研究者たちの拠点（きょてん）として立ち上げたものです。英語、フランス語、ドイツ語など一二の外国語が勉強できるアレッポ大学高等言語センターの下部組織です。

日本研究、日本語教育普及と日本の大学・研究機関との交流を目的としていましたが、当初は小さな教室があるのみ。シリア人向けに開講した日本語クラスに通（かよ）う人もごくわずかでした。

その後、日本政府やアレッポ大学の協力をえて、センターの面積も学生の数も一〇倍以上に増えて、シリアと日本をつなぐ重要な拠点として成長していったのは本書にあるとおりです。

当時のわたしは、昼間は機械工学部で授業をして、夕方からは日本センターへ、朝九時から夜九時まで猛烈にはたらく毎日。シリア人でこんな仕事人間はいないかも？　でも、一〇年間、日本人の勤勉ぶりを見てきて、いい国やいい経済を作りたいなら、やっぱりこれくらいはたらかないといけない、そう感じていました。

センターの仕事はほぼ無給だったので、妻と相談して自宅の一部を賃貸に出して家計を補うことに。日本との交流の仕事はそれだけの力を注ぐ必要があると考えていました。

ジャパンフェアもわたしの発案で二〇〇一年からはじまりました。日本文化を一日で紹介するイベントをしたい、とセンターの日本人の先生たちに話すと「ぜひやりましょう！」と乗ってくれて、日本大使館やＪＩＣＡもそのアイディアをとても喜んでくれました。

当日は、慶應大の奥田先生や学生たち、シリア中のＪＩＣＡボランティアやゴラン高原の自衛隊の人たちもかけつけてくださり、一大フェスティバルに。両国の協働により交流を進めていくことの大切さを実感しました。

センターの運営でいちばん心がけていたのは、自由な環境を整える(ととの)こと。日本語の授業がない日も、ただお茶を飲んで友達とおしゃべりするために来てもＯＫ。ただし、嘘をつく、ものを盗るなどのマナー違反はいけません。自由には責任がともないます。

ライブラリーの管理や部活動やジャパンフェアの運営、さらには後輩たちへの日本語の指導まで、センターの公印を押す以外の仕事は、ほとんど学生ボランティアたちに任(まか)せました。

がちがちの官僚主義ではなく、個人に裁量を与えることで、責任感、自由な発想、やりがいをもたらす。これもわたしが日本で学んだことです。この日本的マネジメントが、優人さんたち学生リーダーを育て、日本センターの成功につながったのだと思います。

革命勃発後はこの自律体制がセンターの継続をとても助けてくれました。退去しなければならなかった日本人の先生たちの穴を埋めるべく、日本語に熟達した上級生たちが後輩たちにボランティア教師として日本語を教えつづけてくれたのです。

革命のなかで目撃した悲劇は数知れません。

二〇一三年のアレッポ大学での大爆発のとき、わたしは機械工学部にいました。分厚い鉄筋コンクリートの校舎を震度七以上と思われるほどの揺れが襲いました。あのときの轟音（ごうおん）の恐（おそ）ろしさは、現代の日本のみなさんにはおそらく想像がつかないと思います。

優人さんも書いていますが、そんな酷（ひど）い時代だからこそ、日本センターの活動の灯は絶（た）やしてはならないと固く決意していました。生き残って、将来のシリアのために頑張らなければならない。それは武器ではなく、学術や言語をとおしてのわたしたちの戦いでした。

日本の研究者との交流もつづきました。二〇一四年から三年間、筑波大学の松原康介先生がおこなった研究課題「アレッポの戦災状況調査と戦災復興都市計画原案の策定」（科学研究費助成事業）では、日本センター出身のアッラーム・アルカゼイさんが研究員として活躍しました。

わたしには子どもが四人いますが、日本センターは五番目の子ども。いつもセンターのことばかり考えていたので、妻は自分の夫が第二の奥さんと結婚している思いだったかもしれません。これからも、祖国シリアの平和、そして、シリアと日本、両国の人びとがお互いのことを学び合い、相互理解と平和的共生へと向かっていくことを心より願っています。

2014年ジャパンフェア集合写真

エピローグ

アレッポの戦いがおさまってしばらくしてからの二〇一七年の一一月、本当に久しぶりに旧市街のアレッポ城のまわりを友人たちと散策しました。焼け焦げてしまった大モスクや旧市街のスークやハーン、戦闘で破壊された店や家々……瓦礫と化した故郷を目にする辛さは言葉ではいいあらわせないものがあります。

この廃墟がまたもとの美しい姿を取り戻し、人びとがにぎわう街になるにはいったいどれくらいの時間がかかるのか？　それはまだわかりません。

しかし、アレッポの人びとはみなで力を合わせて、少しずつ瓦礫を片づけて、またもとのような平和な街にするために、一所懸命がんばっています。

街でカフェや映画館が再開し、出かけることもできるようになりました。友達とお茶やコーヒーを飲みながら、たわいもない話で笑いあう。戦争前には当たり前だったことがどれだけ幸せなことなのか、いまは身にしみてわかります。

二〇一八年秋の世界子どもの日には、赤新月社のボランティアたちの企画により、アレッポ城で子どもたちのためのスペシャルイベントが開催されました。お姫さま探しのクイズラリーに手品ショー。数年前には激しい戦闘がおこなわれていたこの場所で、その日はたくさんの笑顔の花が咲きました。子どもたちの笑顔はこの国のなによりの希望です。幾多の戦争をくぐり抜けてきた誇り高きアレッポ城のように、わたしたちは負けません。

日本センターではいまも学生たちが熱心に日本語を学びつづけています。めでたいことに、わたしの親友のアナスくんやハーリドくんをはじめ、日本への留学を実現した友人もたくさんいます。かれらの日本での活躍を聞くと「次はわたしも！」とハートに火がつき

アレッポ城での世界子どもの日のイベント

ます。

わたしはシリア赤新月社や、ＵＮＨＣＲ、ＵＮＩＣＥＦなどのボランティアスタッフとして、シリアの復興のためにはたらきはじめました。それにくわえて、日本センターでのボランティア、家業の手伝いと、何足もの「わらじ」を履く生活を送っています。

せわしい毎日のなかで日本とのつながりを感じられるとき、とてもうれしい気持ちになります。最近では、ＵＮＨＣＲアレッポ事務所長に高嶋由美子さん、シリア事務所代表に伊藤礼樹さんと相次いで二人のリーダーが日本からやってきました。

日本政府や日本企業、民間のＮＰＯやＮＧＯ、その他たくさんのグループがシリアの国内外でシリア人を応援してくれています。わたしも現地パートナーとして参加するシリア支援団体「Team Beko」では、日本の大学生のみなさんと一緒に、シリアで小児がんと闘う子どもたちへのクラウドファンディングを募って、見事達成することができました。

アレッポでは二〇二〇年二月、ついに市内全域での戦闘終了が宣言されました。しかし、シリア国内のほかの都市ではまだ戦闘がつづくところもあります。

いまだ故郷に戻れない国外難民、国内避難民もたくさんいます。テント暮らしの人びとにとって、冬の大雪の寒さや豪雨による浸水はどれほど辛(つら)いことでしょう。心や身体の障害や栄養失調、貧困に苦しむ人もたくさんいます。

わたしの夢は「共存共栄」です。

シリアのこれからについては、さまざまな考えかたがあります。意見を異にする人びとがひとつのテーブルに着いて、シリアの復興のため、それぞれの家族や大切な人たちの未来のため、協力することが必要です。

そのためにわたしにはなにができるか?

現実の重さに圧倒されるときもありますが、センターにかかげた日本のことわざどおり、なにごとも「千里の道も一歩から」。わたしにできることを尽(つ)くしながら、日本に留学できる日を目指してがんばりつづけます!

アレッポの街（Fly_and_Dive/Shutterstock.com）

解説

シリア内戦の推移とシリア・日本の国際交流の状況

青山弘之（東京外国語大学・教授）

Q1　シリア内戦はどのように始まったのですか？

チュニジアやエジプトで大統領の退陣や体制転換をもたらした「アラブの春」と呼ばれる民主化要求運動は二〇一一年三月にシリアに波及しました。これが後に「今世紀最悪の人道危機」と呼ばれることになったシリア内戦のきっかけです。

最初は、南部のダルアー市をはじめとする地方都市や農村で抗議デモが発生し、政府に改革を要求していました。しかし、他のアラブ諸国と同じような混乱が発生するのを恐れた当局は、過剰な暴力でこれを弾圧し、デモはほどなく「体制打倒」、「自由」、「尊厳」をめざすようになりました。

この動きは「シリア革命」と呼ばれて大きくなっていきました。

デモと弾圧は二〇一一年八月にピークを迎えました。この月はヒジュラ暦のラマダーン月と重なっていて、デモが昼夜の区別なく行われたことが、弾圧をさらにエスカレートさせたのです。「血のラマダーン」と呼ばれたこの月以降、抗議デモは収束を始めました。私は二〇一一年九月にシリアを「観光」で訪問しました。滞在先のダマスカスのホテルの部屋でテレビをつけると、アル＝ジャズィーラやアル＝アラビーヤといったアラブ湾岸諸国の衛星チャンネルが「ダマスカス市内で抗議デモが行われている」と速報を流すので、急いで現場に駆けつけてみました。でも、そこでは何も起きていませんでした（私が足を運ぶことができなかった場所で、デモが行われていたのかもしれませんが……）。

民主化だと思われていた抗議行動が様変わりして、シリアの歴史の歯車が狂っていったのはこの頃からでした。

Q2　シリア情勢はどのように悪化していったのですか？

活動家は、その後もＳＮＳ（ソーシャル・ネットワーク・サービス）を通じてデモを呼びかけたり、デモや弾圧の様子を撮ったとされるビデオや画像を発信したりして、抗議の意思を示しました。でも、政府の圧倒的な力を前に、彼らの多くは国外に移り住み、地に足の着いていない「ホテル革命家」になってしまいました。国内にとどまった活動家のなかには、武器を持つ者も現れました。実はすでに二〇一一年五月頃には、一部の活動家が中部の都市ヒムス市などで武装闘争を始めていたのですが、デモが頓挫（とんざ）すると、彼らは「自由シリア軍」を名乗って武力で政府を倒そうとし始めました。

急ごしらえの反体制派は、二〇一二年七月には首都ダマスカス、そして国内最大の商業都市アレッポ市の中心街に攻め込み、政府を窮地（きゅうち）に陥（おとしい）れました。戦闘も激しさを増し、この頃から「シリア内戦」という言葉が使われるようになりました。

でも、反体制派の奮闘は「ピープルズ・パワー」（民衆の力）によって支えられていたのではありませんでした。多くの人は、政府を熱狂的に支持している訳でも、体制打倒をめざしている訳でもなく、一日も早く混乱が収束し、いつもの日常が戻ってきてほしいと感じていただけでした。にもかかわらず、シリア情勢が混迷したのは、「三つのからくり」があったからです。

Q3　シリア情勢の混迷を招いた「三つのからくり」とは？

一つ目は外国の支援です。「アラブの春」は、「悪」の独裁政権に対する「正義」の市民の抵抗と理解され、「悪は倒れねばならない」と考えられました。欧米諸国、アラブ湾岸諸国、そしてトルコは、このような勧善懲悪と予定調和に流され、人権擁護、民主化支援の立場から介入したのです。シリア政府の正統性を否定し、金融制裁や禁輸制裁を科し、反体制派にヒト、カネ、モノを供与しました。

しかし、中途半端でした。制裁が強化されたのは抗議デモが勢いを失った後だったため、時宜を得ていませんでした。体制打倒をてこ入れするため、リビアやイエメンの時のように軍事介入することもありませんでした。しかも、ヒトの流入がさらなる混乱を呼びます。なぜなら、シリアに世界中から集まってきたのは、過激派だったからです。

外国人過激派のなかには、国際テロ組織アル＝カーイダのメンバーやその共鳴者が多くいました。二〇一二年はじめには、イラクのアル＝カーイダ（イラク・イスラーム国）がヌスラ戦線を名乗る組織を作って活動を本格化させました。シリアのアル＝カーイダとして知られるこの組織はほどなくシリアで「もっとも成功した反体制派」に成長しました。「国際社会最大の脅威」と呼ばれるようになったイスラーム国は、イラクのアル＝カーイダのうち、このヌスラ戦線と仲違いした構成員が二〇一四年に結成した組織です。

自由シリア軍を名乗る活動家のなかには、ヌスラ戦線やイスラーム国の力に魅せられて、この二組織に合流する者もいれば、独自の組織を維持しながら、彼らの傘下で活動を続ける者もいました。

「シリア革命」は、過激派の隠れ蓑になってしまった——これが二つ目のからくりです。

こうしたなか、欧米諸国は民主化を支援していると主張し続けました。反体制派、そしてそれに共鳴する人々も事実に目を向けようとはしませんでした。人道の名のもとに国際テロを支援してしまったのです。イスラーム国が台頭すると、米国は有志連合を結成して「テロとの戦い」と称して、二〇一四年半ばからイラクとシリアで爆撃を始めます。でも、効果はありませんでした。テロを支援しながら、テロ撲滅などできるはずがありません。シリアの混乱を長引かせようとしていると批判されても仕方ありませんでした。

Q4　欧米諸国だけが問題なのでしょうか？

いいえ、三つ目のからくりも事態を複雑にしました。疲弊したシリア政府は、ロシアやイランに支援を求めました。ロシアは二〇一五年九月にシリア領内に一大航空基地を設置し、イスラーム国やヌスラ戦線への大規模爆撃を始めました。イランも「イランの民兵」と称される外国人民兵を派遣し、各地で反体制派に応戦しました。その数は、ヌスラ戦線やイスラーム国に参加するために潜入した外国人過激派に匹敵するほどでした。

介入は、シリア政府の要請によるもので、主権尊重と内政不干渉の原則に則っているというのが、ロシアやイランの言い分でした。でも、実際は、欧米諸国とあまり変わりませんでした。両国は、シリアを欧米諸国と自国との主戦場としてしまったのです。シリア内戦と言いますが、その実は代理戦争、あるいは「シリア人なきシリアでの戦争」(non-Syrian war in Syria) でした。シリアの生殺与奪は、諸外国の手に握られてしまいました。市井の人々だけでなく、政府、反体制派すらもゲームの駒のように扱われたのです。

Q5　シリア内戦での人的被害はどの程度なのでしょうか？

多くの人が命を落としました。その数を正確に知ることはできませんが、英国で活動する反体制組織のシリア人権監視団が発表したところによると、二〇一一年三月一五日から二〇二〇年一二月三一日までに確認された死者総数は三八万五〇三六人に達しています。この数に失踪者、行方不明者を含めると約五九万人にのぼるそうです。シリアの人口は二〇一〇年の統計では二三七〇万人でしたから、実に二・五%が命を落としたことになります。犠牲者の内訳を見ると、民間人、反体制派、そして政府側それぞれから等しく犠牲者が出ていることが分かります【図1】。

シリア内戦ではまた、多くの人が国外難民、国内避難民（Interally Displaced Persons、略してＩＤＰs）になりました。国連難民高等弁務官事務所（ＵＮＨＣＲ）によると、難民は二〇二一年一月時点で

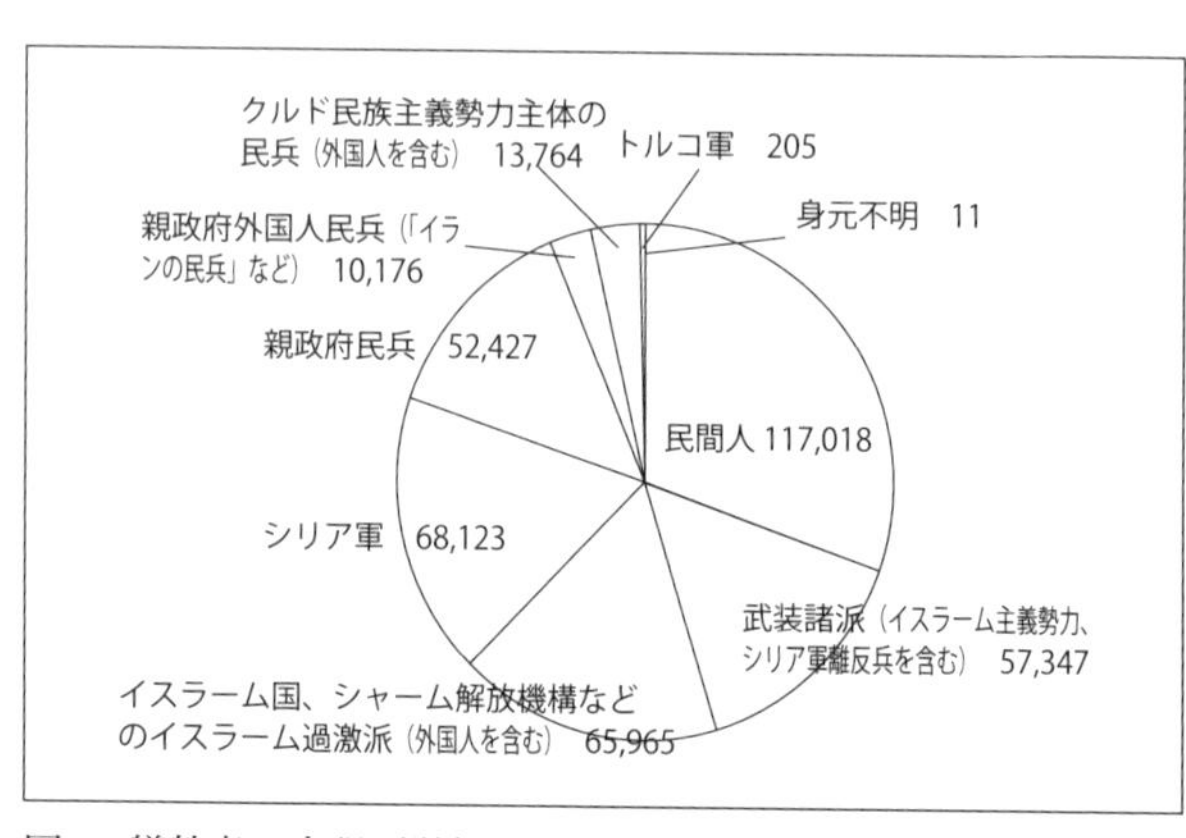

図1　犠牲者の内訳（単位：人、シリア人権監視団調べ）

五五七万一一八人に達しています。このうち、三五八万五二二〇九人がトルコ、九一万四六四八人がレバノン、六五万五四三五人がヨルダンに身を寄せています。またＩＤＰｓは、国連人道問題調整事務所（ＯＣＨＡ）によると、二〇二一年一月末の推計で六二〇万人に上っています。国民の二人に一人が難民・ＩＤＰｓになったことなります【図２】。

Q6　社会への影響は？

九年以上続く紛争によって、国家は分断されてしまいました。二〇二〇年四月現在、主要大都市や人口密集地はほぼ政府の統治下にありますが、イドリブ県はヌスラ戦線が主導する反体制派の支配地となっています。また、ユーフラテス川以東

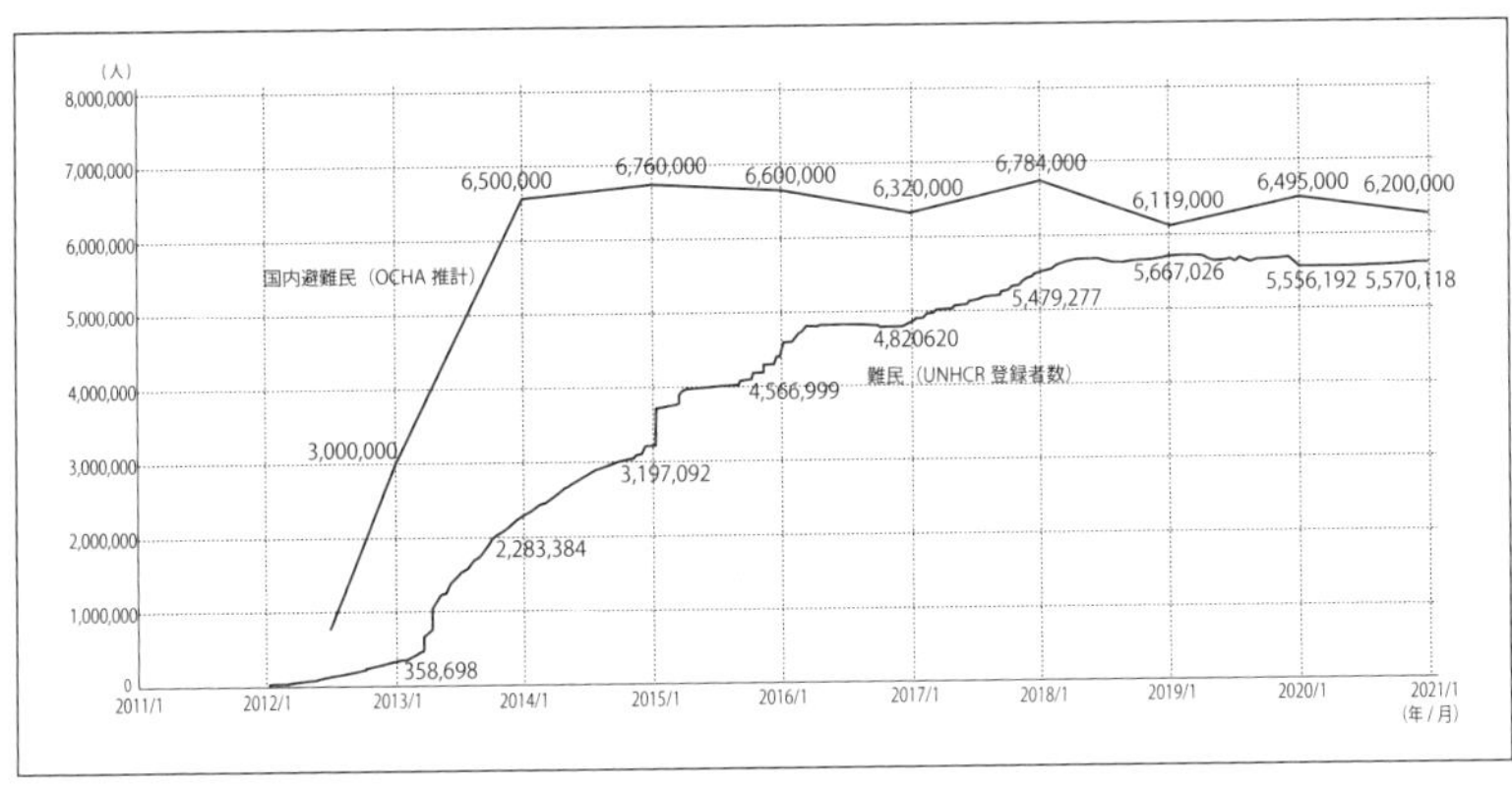

図2　犠牲者、難民、国内避難民（IDPs）総数の推移

の地域は、クルド民族主義勢力を主体とする民兵や自治組織によって治められています。イスラーム国は二〇一九年三月にシリア国内での支配地を完全に失い、在地の犯罪集団になりさがりました。

ところで、「クルド人」ではなく、クルド人であることを強調して、権利を主張したり、政治をしたり、場合によっては国を作ろうとしたりする勢力を意味する「クルド民族主義勢力」というやや難しい表現をしましたが、それは一般に、シリアの混乱を宗教・宗派対立、民族対立に見立てようとする傾向が強いからです。シリアの政治を説明するとき、「多数派はイスラーム教スンナ派」、「政府は少数派のイスラーム教アラウィー派」、「反体制派とそれを支援している中東諸国はスンナ派」、「政府を支援しているのはシーア派のイランやレバノンのヒズブッラー」、「米国が支援しているのはクルド人」といった大ざっぱで過度に単純化された説明がなされることが多々あります。でも、シリアの人々は、宗教・宗派、民族が多様であることを誇りとしています。宗教・宗派、民族をことさら強調して、社会を分断しようとするのは、むしろ欧米諸国、私たち日本、さらにアル＝カーイダなどの過激派で、シリアではそれを「宗派主義」といって忌み嫌っています。「クルド民族主義勢力」と言ったのは、スンナ派、アラウィー派、キリスト教徒、クルド人といった十把一絡げのカテゴリー分けがシリアの社会を正確に捉えてないことを知ってもらいたいからです。宗教・宗派、民族の違いを超えて人々が共生しているのがシリアの社会です。

このほかにも、シリアの国土は外国の占領によって分断されてしまっています。イラクとヨルダンの国境が交わる南東部（タンフ国境通行所一帯）、そしてクルド民族主義勢力の支配地域では、イスラーム国が衰退した今も、米国が主導する有志連合が部隊を駐留させています。トルコも四度にわたって侵攻し、アレッポ県、ハサカ県、ラッカ県の国境地帯を実質占領しイドリブ県に部隊を駐留させています。ロシアもフマイミーム航空基地、タルトゥース港に部隊を駐留させていますし、イランはユーフラテス川西岸の国境地帯に「イランの民兵」を配しています。なお、イスラエルが内戦のはるか以前の一九六七年からゴラン高原を占領しているのは周知の通りです。

Q7　経済への打撃も深刻なのでしょうね？

経済も疲弊(ひへい)しました。国連西アジア経済社会委員会（ＥＳＣＷＡ）が二〇一八年に発表した推計によると、被害総額は三八八〇億米ドルで、物的被害だけでも一二〇〇億ドルに達しています。このなかには、人的被害は含まれていません。

シリアの中央統計局のデータを見ても、被害の深刻さは一目瞭然(いちもくりょうぜん)です。二〇一〇年に二兆五二九七億ＳＰ（シリア・ポンド）だった国内総生産（ＧＤＰ）は、二〇一六年には一兆三一四二億ＳＰに激減しました【図３】。物価は八年間で約九倍になり【図４】、インフレ率も二〇一三年には八二・四％を記録しました【図５】。ＳＰの価値も下落し、二〇一〇年まで一ドル＝五〇ＳＰ弱で推移していたレートは、二〇一七年には五〇〇ＳＰになりました【図６】。二〇

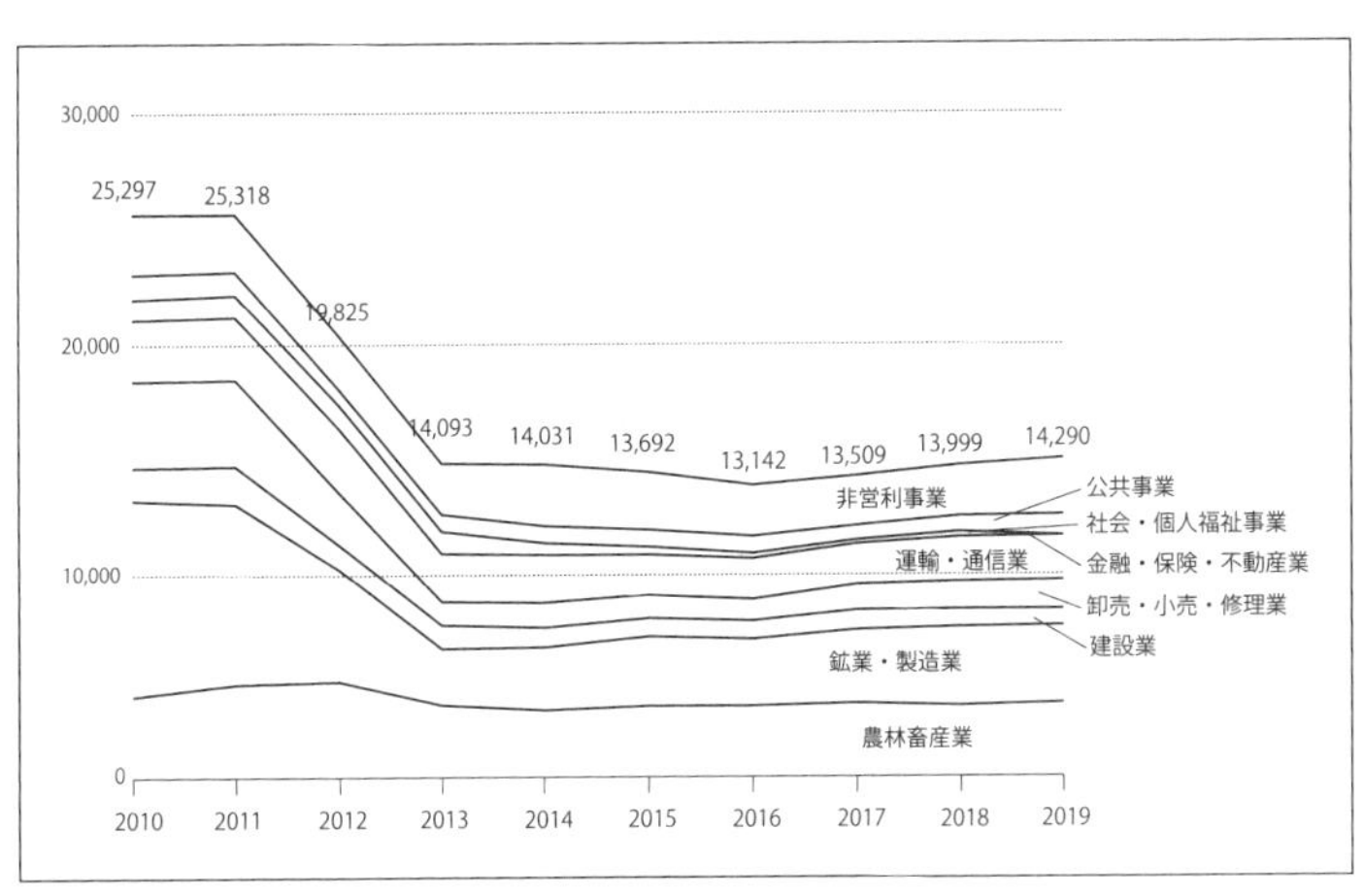

図3　シリアの国内総生産（GDP）の推移（単位：億 SP）

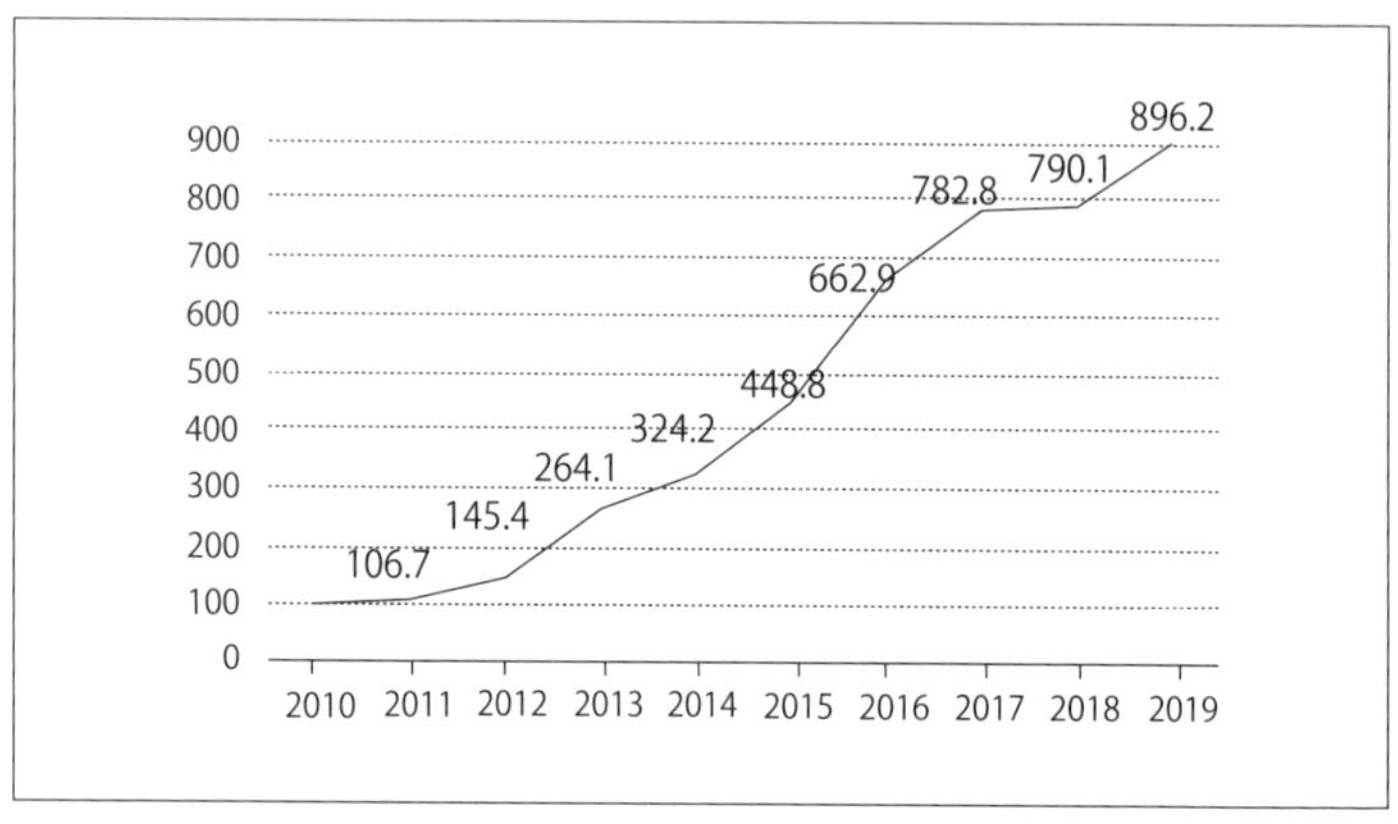

図4　シリアの物価指数（2010＝100）

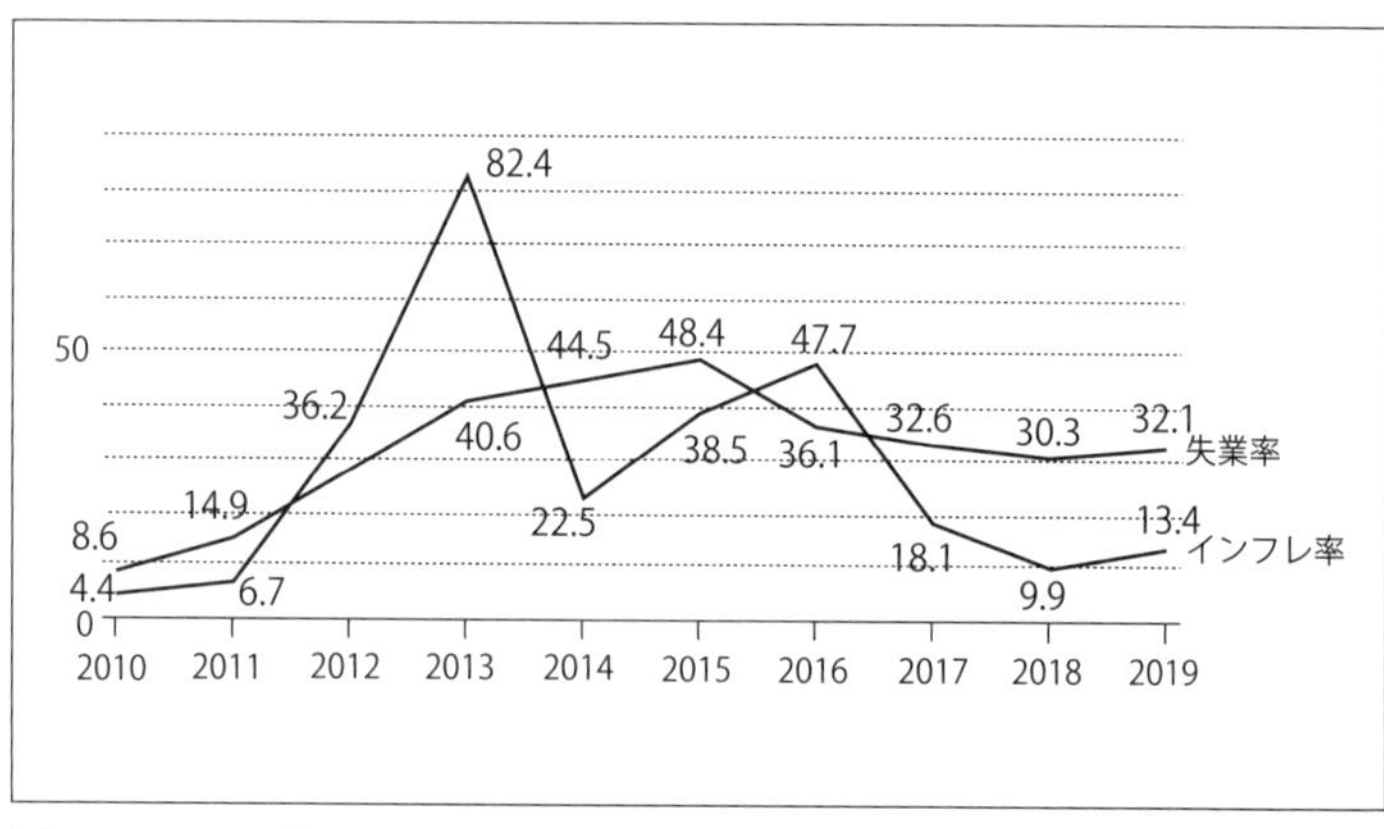

図5　インフレ率・失業率（%）

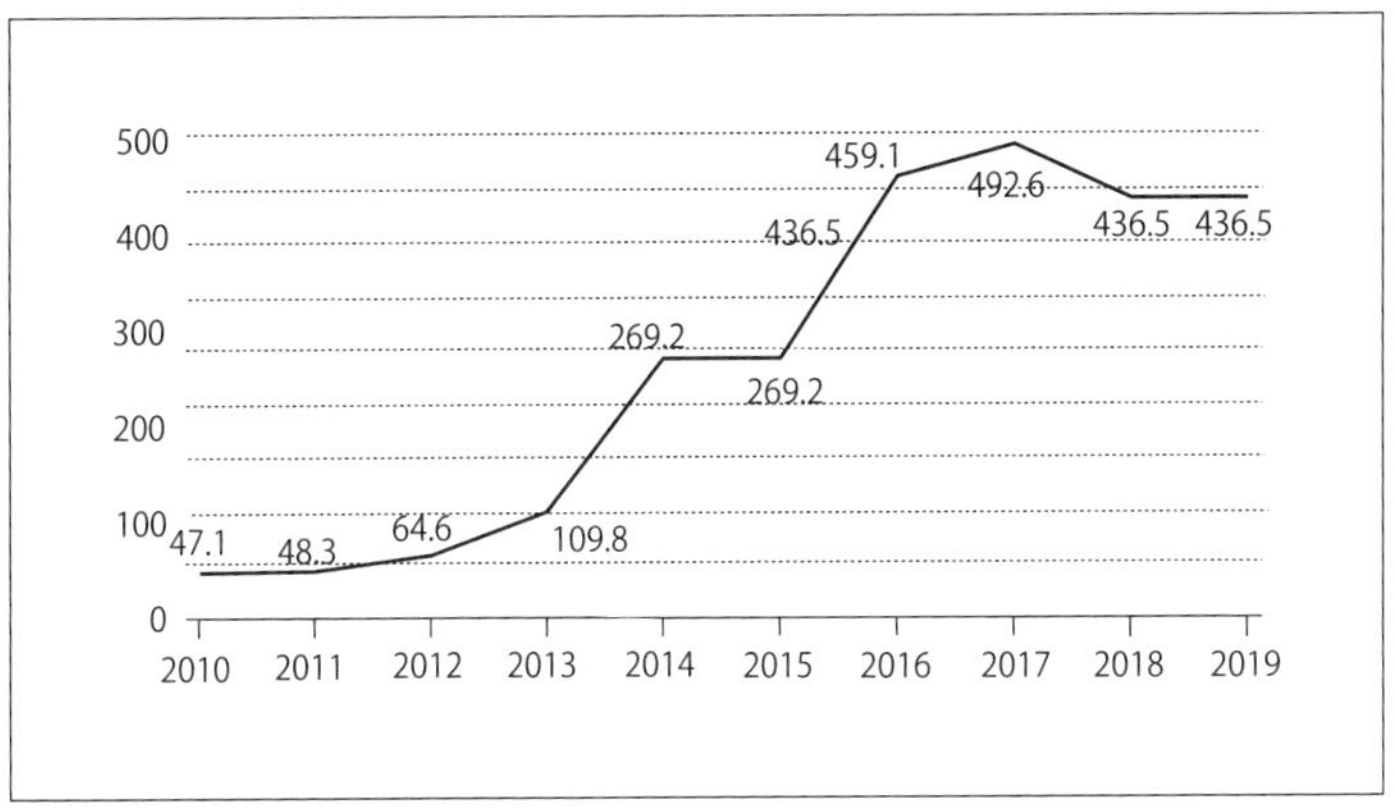

図6　為替レート（SP／1US$）

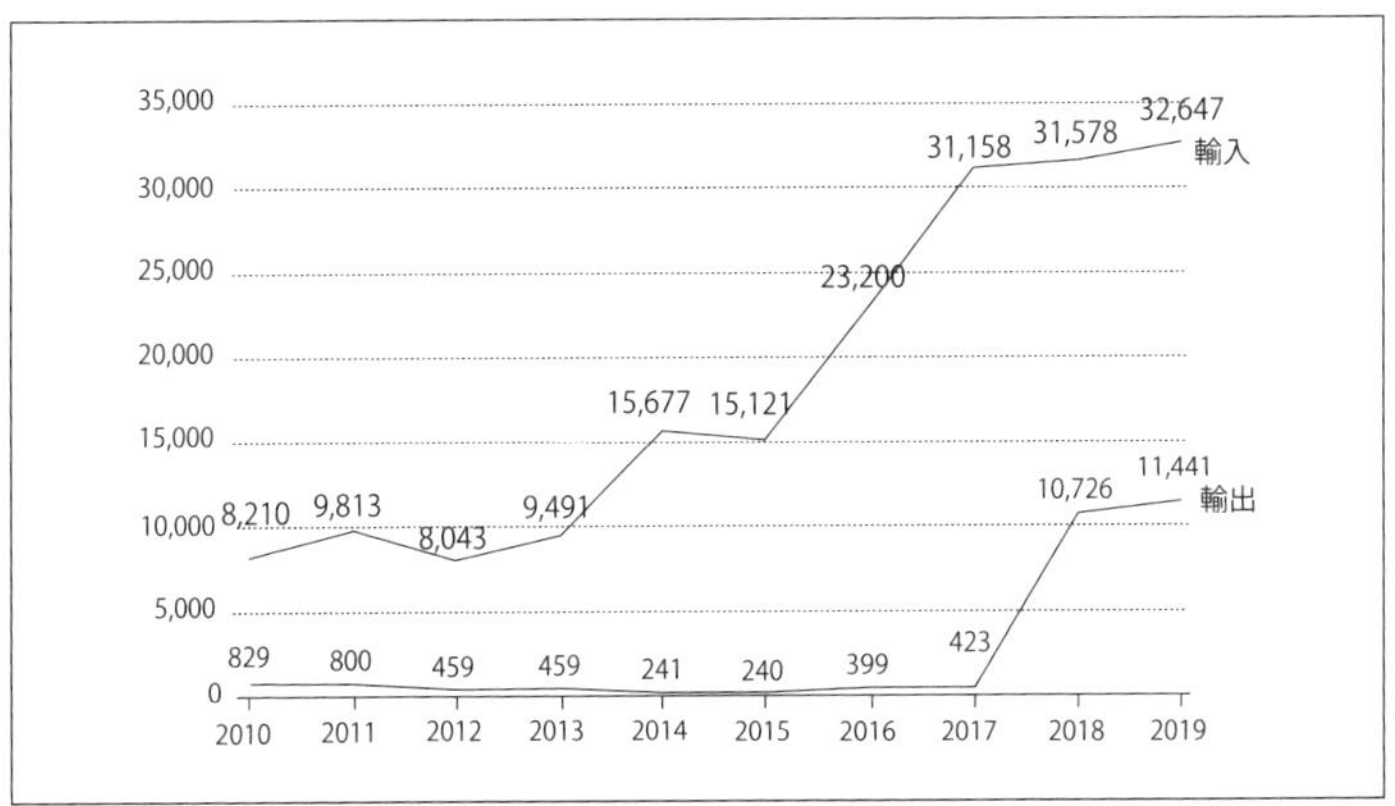

図7　シリアの貿易動向（単位：億 SP）

一〇年に八・六％だった失業率は、二〇一三年には四〇・六％を記録しました【図5】。産業別にみると、工業（鉱業・製造業）への被害がもっとも深刻で、二〇一〇年に八七七一億ＳＰだった生産高は、二〇一三年には二五七一億ＳＰにまで落ち込みました【図3】。

貿易動向も、それまで主要な貿易相手国であった欧米諸国、アラブ湾岸諸国、トルコへの輸出ができなくなったこと、そして主要な輸出産品の原油の生産が、破壊や制裁で低迷したことが影響し、二〇一〇年に八〇〇億ＳＰだった輸出額は二〇一三年には四五九億ＳＰに落ち込みました【図7】。

Ｑ８　本書の舞台となっているアレッポはどのような戦況でしたか？

アレッポという地名は、シリアを構成する一四の県の一つであるアレッポ県と、その県庁所在地で第二の都市のアレッポ市を指します。

アレッポ県では、二〇一一年春からアレッポ市を含む各地で抗議デモが起きました。ただ「アラブの春」という言葉でイメージされるような大規模なデモは、アレッポ県を含めてシリアではありませんでした。エジプトやイエメンでは、一〇〇万人規模のデモが連日繰り返されましたが、シリアのデモは最大でも一万人程度で、時間も限られていました。政府が動員する一〇〇万人規模、数十万人規模のカウンター・デモとは比べものになりませんでした。

とはいえ、アレッポ市をはじめとするアレッポ県でのデモでは、多くの犠牲者が出ました。アレッポが混迷を極めていったのは二〇一二年半ば以降です。ヌスラ戦線に代表される過激派の威を借りた反体制派が勢力を伸張すると、シリア政府は地方の中小都市や農村を戦略的に放棄し、

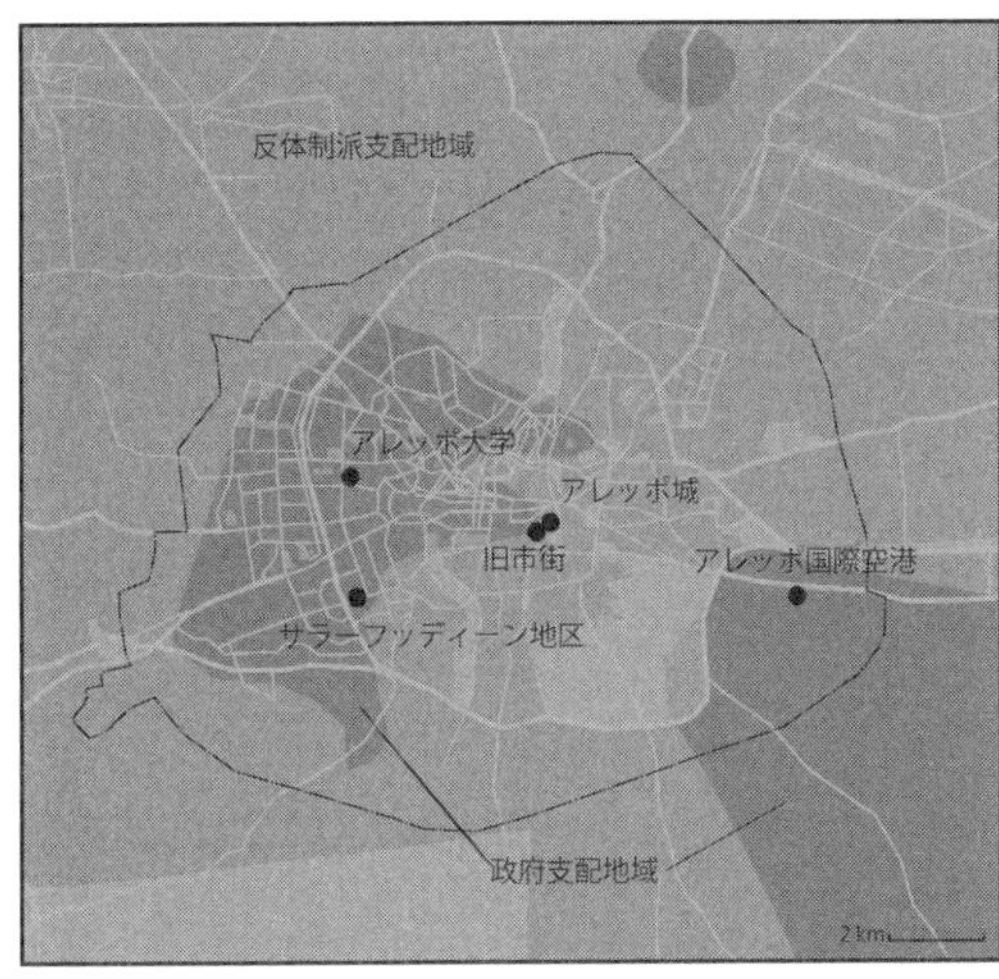

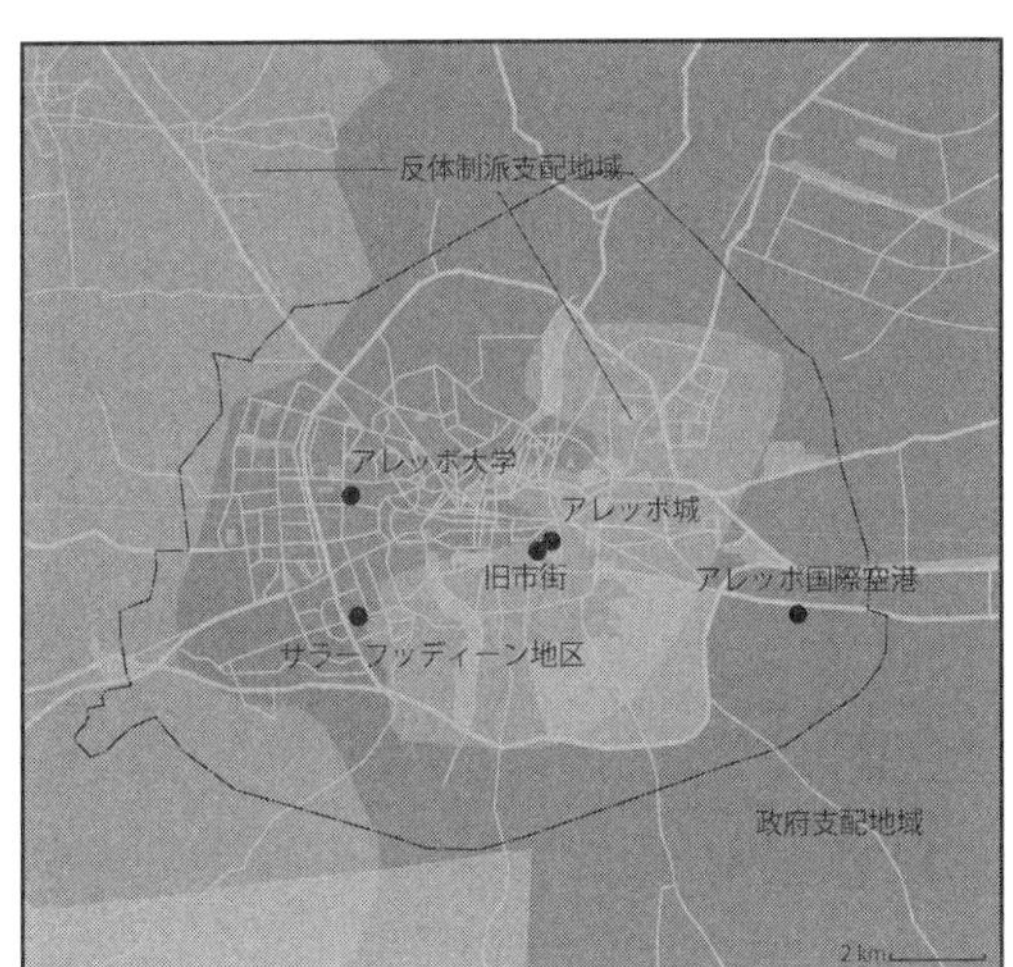

図8　アレッポ市勢力図の推移
上：2013年時点　下：2016年時点

大都市防衛に注力しました。アフリーン市を中心とするアレッポ県北西部はクルド民族主義勢力に移譲されました。それ以外の地域は、ヌスラ戦線が主導する反体制派、イスラーム国が支配することになります。

アレッポ市にも二〇一二年半ばに反体制派が侵攻しました。その結果、同市は、旧市街を含む東部と、政府の支配が維持された西部に分断されてしまいました【図8】。

両者が一進一退の攻防を続けるなか、国連教育科学文化機関（UNESCO）世界文化遺産に指定されている旧市街に深刻な被害が生じました。シリア・ロシア軍の爆撃が大きく報じられるなか、瓦礫のなかから人々を救い出すホワイト・ヘルメットを名乗る組織の活躍、彼らが救い出したとされる子どもの様子がメディアで報じられました。流ちょうな英語で現地の惨状を伝える少女、爆撃のなかで生きる子どもがアイコンとして注目を浴びました。

Q9　その後、今も戦闘は続いているのですか？

アレッポ市の戦闘は二〇一六年に入って激しさを増しました。政府は、ロシア、イランとともに、アレッポ市東部解放に向けて攻撃を本格化させたのです。これは、バラク・オバマ米政権の任期終了が迫るのと並行していました。

米国は「穏健な反体制派」を支援するとして、アル＝カーイダと連携する反体制派を支援してきました。でも、大統領選挙の結果、ドナルド・トランプ政権の誕生が決まると、米国はシリアへの関与を弱めたのです。

トランプ政権は、イスラーム国の殲滅を最優先に掲げ、アル＝カーイダと協力する反体制派には支援は行わないという姿勢をとりました。また、体制打倒にも興味を示しませんでした。

二〇一六年一二月、アレッポ市東部で抵抗を続けていた反体制派は、政府との和解を拒否する一部住民と、トルコの占領地やイドリブ県に去っていきました。当時、アレッポ市東部には二五万人の市民が反体制派とともに籠城しているとされました。しかし、反体制派と行動を共にした市民は、三万五〇〇〇人ほどでした。

東部の制圧後も、アレッポ市は戦火にしばしば巻き込まれました。市の北部と西部の郊外を支配下に置く反体制派が散発的に砲撃を繰り返したからです。しかし、二〇二〇年二月、シリア軍はとうとう、これらの地域からも反体制派を排除し、アレッポ市での戦闘は完全に終息しました。

Q10　復興は進んでいるのですか？

シリア軍によるアレッポ市東部制圧を受けるかたちで復興の気運も高まりました。二〇一七年夏には、ダマスカス国際博覧会が六年ぶりに開催され、四三カ国が参加しました。私は二〇一八年の博覧会に足を運ぶことができたのですが、ロシア、中国、インド、南アフリカといった国のブースは多くの観客で溢れかえっており、復興への意気込みを感じ取ることができました。

でも、復興は思うように進んでいないというのが実情です。理由は二つあります。

一つは、未だに多くの難民とＩＤＰｓが帰還できずにいるということです。政府は二〇一八年半ば以降、復興に向けた人的資源を確保するため、帰還を奨励し、ロシアの発表によると、二〇二一年一月三日現在、難民六四万一五七五人とＩＤＰｓ五六万二〇二九人が帰還を果たしました。でも、帰還先の破壊が深刻だったり、インフラ復旧が不充分だったりして、帰還できない人が多くいます。政府、反体制派、クルド民族主義勢力それぞれの支配地域間の移動の自由がないことも問題です。帰還すれば、逮捕されたり、兵役を科せられたりすることを恐れている人もいます【図9】。

二つ目は制裁です。欧米諸国、アラブ湾岸諸国、トルコは、体制打倒が現実味を欠いていることは充分承知しています。にもかかわらず、「政治移行が実現しなければ、一ドルたりとも支援しない」という頑なな姿勢をとり続けています。これらの国からは、実はビジネスマンが既にシリアを行き来しています。復興を見据えてのことです。ただ、米国は大口の復興事業に参入しようとする企業や個人事業主に制裁を科すなどしています。ＥＳＣＷＡは、欧米諸国、アラブ湾岸諸国、トルコが制裁を続ける限り、シリア経済は内戦前の状態に決して戻ることはできないと指摘しています。

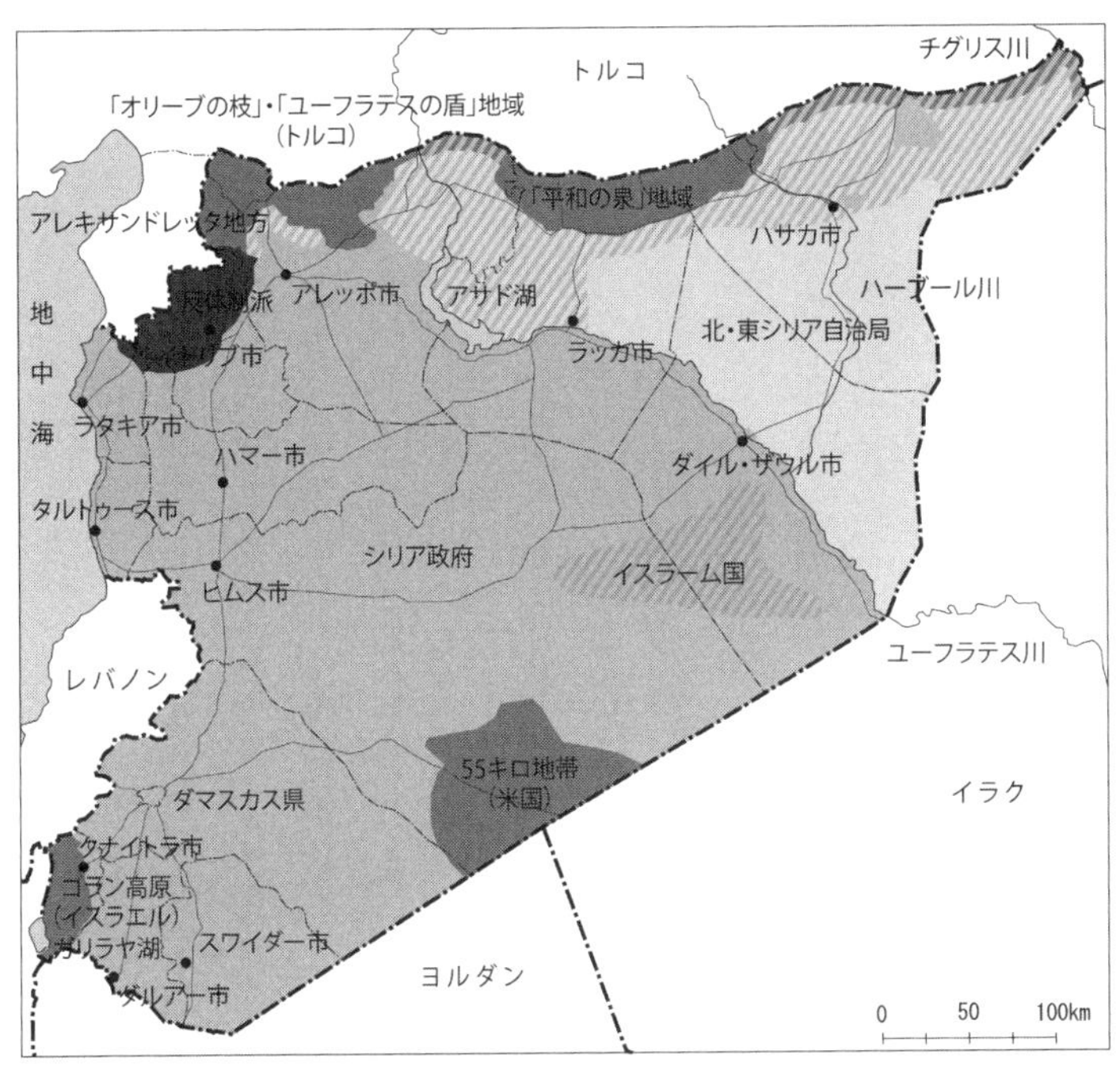

図9　シリア全土の勢力図（2021年6月現在）

制裁が続いているために、経済状況が改善せず、生活状況の改善や雇用創出が進まないことで、難民やＩＤＰｓの帰還も疎外され、これが復興の足枷になる――このような悪循環が続いているのです。

Q11　シリアと日本の交流はいつから始まったのでしょうか？

日本は一九五三年にシリアと国交を樹立し、一九六二年に首都ダマスカスに大使館を開設しました。東京にシリア大使館が開設されたのは一九七八年のことです。両国の関係は友好的で、日本は一九七三年から政府開発援助（ＯＤＡ）を通じて、有償、無償の資金支援を行ってきました。その分野は、電力、灌漑、遺跡発掘・修復、スポーツ・芸術、水道、ゴミ処理、医療、食料増産など多岐にわたっています。シリア各地には、国際協力機構（ＪＩＣＡ）のスタッフや専門家、そして海外青年協力隊の隊員が支援活動にあたっていました。彼らの多くが今も、シリアの人々を支援するＮＧＯなどの活動に携わるなどして、シリアにかかわり続けています。

さらに、国連平和維持活動（ＰＫＯ）の一貫として、日本は一九九六年からシリア内戦が激化する二〇一二年まで、国連兵力引き離し監視軍（ＵＮＤＯＦ）に施設部隊などを派遣、ゴラン高原での停戦活動にあたりました。

ＪＩＣＡや自衛隊の活動はシリアで非常に高く評価されました。また隊員の方々の礼儀正しく、まじめな姿勢は、シリアの人々の親日感情にもつながっています。

商社などの日本企業も邦人スタッフを派遣していました。日本の有名なロックバンド「ＡＬＥＸＡＮＤＲＯＳ」のボーカル川上洋平さんも、商社に勤めておられた父上やご家族とともにダマスカスで多感な時期を過ごされました。

それ以外にも、エジプトと並んでアラブ世界の文化の中心をなしてきたシリアには、多くの日本人学生が語学習得や歴史などの研究のために留学しました。外務省研修生の主要な研修先の一つでもありました。アレッポ大学にはアスレさんも通っていた学術交流日本センターが一九九五年に設置され、日本との交流を続けてきたことは本書で触れられている通りです。また、ダマスカス大学文学部でも二〇〇二年に日本語学科が開講し、日本語や日本の文化を学ぶ学生が増えてきました。両大学を中心として多くの学生が日本に留学し、マンガ『キャプテン翼』（講談社）をアラビア語に翻訳したカッスーマー・ウバーダさんをはじめ、今も日本とシリアの架け橋としてさまざまな分野で活躍されています。

Q12　現在の両国の関係はどのような状態ですか？

シリア内戦が始まって以降、両国関係は残念なことに冷え込んでしまいました。二〇一二年には両国が互いの大使を「ペルソナ・ノン・グラータ」（好ましくない人物）に指定したこともありました。日本政府がシリア政府の正統性を否定するような発言をすることもありました。政府がどんな強権的なものであっても、その是非を判断するのは国民です。でも、そうしたことを度外視した非礼が行われた時期があったことは悲しいことです。

でも、長年培われてきた両国の人々の関係は失われていません。日本は、国連を通じて、政府、反体制派、クルド民族主義勢力の支配地域を区別することなく、人道支援を行っています。日本政府は、二〇一六年のＧ７伊勢志摩サミットでシリア難民の留学生の受け入れを表明しました。その数は五年間で最大一五〇人と少ないものでしたが、日本で学びたいという若者がヨルダン、レバノン、トルコから訪れるようになっています。難民支援協会など民間でシリア難民の留学生の受け入れに尽力（じんりょく）している団体もあります。シリア本国からの留学生は残念ながら激減してしまっています。しかし、アレッポ大学では日本センターでの日本語クラスが再開され、ダマスカス大学でも、日本研究の博士号を取った初のシリア人女性が着任し、内戦の影響で新規学生を受け入れてこなかった日本語学科を再興しようと奮闘しています。

このほか、国連開発計画（ＵＮＤＰ）や国際赤十字・赤新月社（せきしんげっしゃ）連盟では、多くの日本人がシリアで現地スタッフと力を合わせて支援活動にあたっています。さらに、さまざまな日本のＮＧＯが、シリア国内外でシリアの人々を支援する活動にあたっています。

政治的立場や場所を超えて包括的にシリアにかかわり続けている国は非常に希有（けう）です。復興には地道な取り組みが求められますが、日本政府そして日本の人々のこうした支援が、シリアの人々を一つにする架け橋になればと願ってやみません。

あとがき

小澤祥子

眩しい太陽の光が降り注ぐなか、見上げると、日本では見られないような濃い青色の空。わたしのなかでいちばん記憶にのこっているシリアの風景です。

就職前のつかの間、わたしが語学留学のためにシリアの首都ダマスカスに渡ったのは二〇〇五年一〇月から〇六年三月のことでした。ユネスコ世界文化遺産に登録される悠久の歴史をもつダマスカス旧市街での暮らしは、現地で知りあったシリア、日本、世界各国の友人たちやお世話になった先生との思い出とともに、生涯忘れることのない日々として心に刻まれています。

それから帰国して数年。とくにアラビア語とも中東とも関係のない仕事についたわたしとシリアとの道がふたたび交差したのは二〇一一年のことでした。

チュニジアから始まり、エジプト、そしてシリアへと、あっという間に波及した民主化要求デモの波。いわゆる「アラブの春」です。現地から相次ぐ衝撃的なニュースの連続に、「あの平穏（へいおん）だったシリアが、まさか」との思いを禁じえませんでした。

「アラブの春」はSNS時代の到来とも重なりました。Facebook や Twitter でデモの呼びかけがおこなわれ、衛星放送がなくてもスマートフォンで瞬時に世界中の個人が発する情報が目にできるようになり、このころから海外との距離がぐっと縮まった印象があります。

わたしが本書の主人公の優人さんと出会ったのも、まさにSNSをとおしてのことでした。騒乱がはじまって少したってからの二〇一三年、友達のシェアでたまたま目にしたのが、優人さんのFacebook 投稿だったのです。それからインターネットでの交流がはじまり、すこしずつアレッポの今現在の様子を知るようになりました。

当時、日本のメディアにおけるシリア騒乱の報道は、「終わりが見えない」「泥沼の」といった悲観的な言葉で占められていました。ある面ではたしかにそうでした。しかし、優人さんが伝えてくれるアレッポの学生たちの奮闘は「絶望」とはほど遠いものでした。

爆発や銃撃で日常的に命が危険にさらされるなかでも、自分たちができることをする。毎日の家族や友達との時間を大切に過ごす。

優人さんたちの姿をとおして知ったのは、困難のなかでもけっして未来への希望を見失わないシリアの人たちの心の強靭(きょうじん)さでした。

シリアをあきらめているのは「世界」であって、シリアの人たちではなかったのです。

また、戦時下のシリア、そのなかでも最大の激戦地であるアレッポで、これほど日本語が熱心に学ばれているということも大きなおどろきでした。

日本語は話者数としては全世界で一億二〇〇〇万人ほど。アラブ諸国との通商規模を考えても、仕事で活かせる機会は英語や中国語に比べるとあまり多くはなさそうです。

それだけに、戦火のあいだをぬって毎日の日本語の授業やジャパンフェアの準備に力を注(そそ)ぐ日本センターの学生たちの様子には、日本語や日本文化への並々ならぬ「愛」を感じました。

こんなに大きな「ラブレター」がシリアから日本に向けて届いているのに、それを受け取る人が誰もいない。なんともったいないことでしょう。この優人さんたちアレッポの学生たちの想いを、ぜひ日本にいるみなさんにも伝えたい。

そう思ったのが、本書執筆のきっかけとなりました。

本書で伝えることができたのは優人さんたちが経験したことのごく一部です。記録の外側にある無数の犠牲者と今も戦火や離散のもとにあるかたがたを思うとき、この戦争がもたらしたものの甚大さに言葉を失います。

シリアをめぐる状況はいまだ不安定ですが、一部の地域では破壊された街の復旧が進んでいます。

アレッポ旧市街のスークの修復と再開もそのひとつです。

アレッポ大学の日本センターでは、今日も学生たちが日本語を学びつづけています。

わたしたちの言葉や文化を愛してくれてありがとう。

今後もシリアと日本、両国の人びとのあたたかな交流がつづくことを心より願っています。

最後になりますが、本書の制作にあたり、たくさんのかたがたよりご助力を賜りました。取材にご協力くださった新旧副センター長のアフマド・アルマンスール先生とアブドゥ・イラーフ・ナーウロ先生をはじめとするアレッポ大学学術交流日本センター関係者のみなさん、両国の友好にご尽力されてきたＪＩＣＡ海外協力隊をはじめとする日本側のみなさん、解説を寄せてくださった青山弘之先生、そして、本書を出版くださった株式会社三元社の石田俊二社長とスタッフのみなさんに記して御礼申し上げます。

参考文献・サイト

青山弘之『混迷するシリア：歴史と政治構造から読み解く』岩波書店、2012年

青山弘之編『「アラブの心臓」に何が起きているのか：現代中東の実像』岩波書店、2014年

青山弘之『シリア情勢：終わらない人道危機（岩波新書新赤版1651)』岩波書店、2017年

黒木英充編著『シリア・レバノンを知るための64章』明石書店、2013年

黒田美代子『商人たちの共和国：世界最古のスーク、アレッポ 新版』藤原書店、2016年

スリーエーネットワーク『みんなの日本語』スリーエーネットワーク、1998年（初級Ⅰ、Ⅱ)、2008年（中級Ⅰ）

『アハバール・カシオン』第144号（2006年10月15日)、第239号（2010年10月1日)、JICAシリア事務局

＊ https://www.jica.go.jp/syria/office/others/newsletter.html で閲覧可能。

■アレッポ大学学術交流日本センターFacebookページ

https://www.facebook.com/263210440370333-مركز-اليابان-للتعاون-الأكاديمي-جامعة-حلب

■外務省｜国・地域｜シリア

https://www.mofa.go.jp/mofaj/area/syria/index.html

■独立行政法人国際協力機構（JICA）｜各国における取り組み｜シリア

https://www.jica.go.jp/syria/index.html

■シリア・アラブの春 顛末記：最新シリア情勢

http://syriaarabspring.info

■科学研究費補助金研究課題「アレッポの戦災状況調査と戦災復興都市計画原案の策定」(研究代表者：松原康介、研究期間：2014～2016年度)

https://kaken.nii.ac.jp/ja/grant/KAKENHI-PROJECT-26570003

■ Team Beko

https://www.facebook.com/TeamBekoJapanSyria

謝　辞

本書の制作にあたりまして下記の方々にご協力いただきました。心より感謝申し上げます。（敬称略）

アフマド・アルマンスール
アブドゥ・イラーフ・ナーウロ
アフマド・シャーゲル
アフマド・アルムスタファー
アフマド・ラーミー・カッサール
アーヤ・ボダカ
アンワール・ダイエ（日本センター写真撮影）
スザン
ハーリド・ハタビー
ムハンマド・アナス・アルハサン
ラーマー・ビラール（https://www.facebook.com/ramaartworld）

中野貴行（Piece of Syria 代表 https://piece-of-syria.org）
林晋佑
日比絵里子
松原康介
武藤佳恭
吉開章
渡辺寛成

大妻多摩中学高等学校
荻原健斗
春日芳晃
杉本康弘
其山史晃
桑田和幸（シリア OV 会長代行）
鈴木雄太
東宮たくみ
中山裕子

[著者] **優人**（ゆうと／アフマド・アスレ）

1991年、シリア・アラブ共和国アレッポ生まれ。アレッポ大学経済学部卒。同大学術交流日本センターにてボランティアスタッフを務め、学生への日本語教育や部活動の指導、ジャパンフェアの企画運営をはじめ中心的役割を担う。学業、家業、赤新月社、UNICEF、UNHCRでのボランティア活動など多彩な場で活躍するとともに、戦争で深い傷を負った祖国の復興のため、日本に留学し、日本の戦後復興や中小企業経営について学ぶことを志している。
Facebook：https://www.facebook.com/AHMAD.YUUTO

[取材・文] **小澤祥子**（おざわ・さちこ）

1980年生まれ。東京外国語大学アラビア語専攻卒。2005～06年シリア留学。編集者として活動するかたわら、留学中に知りあった中東・コーカサスの人びととの交流をつづけている。

[解説] **青山弘之**（あおやま・ひろゆき）

1968年東京生まれ。東京外国語大学教授。東京外国語大学卒。一橋大学大学院修了。1995～97年、99～2001年までシリアのダマスカス・フランス・アラブ研究所（IFEAD）に所属し、ダマスカスに滞在。JETROアジア経済研究所研究員（1997～2008年）を経て現職。専門は現代東アラブ地域の政治、思想、歴史。編著書に『シリア情勢――終わらない人道危機（岩波新書）』（岩波書店、2017年）、『「アラブの心臓」に何が起きているのか――現代中東の実像』（岩波書店、2014年）などがある。ウェブサイト「シリア・アラブの春顛末記――最新シリア情勢」（http://syriaarabspring.info/）を運営。「現代中東政治研究ネットワーク／Contemporary Middle East Political Studies in Japan.net」（CMESP-J.net）（https://cmeps-j.net/）の運営に参加。

ぼくらはひとつ空の下
シリア内戦最激戦地アレッポの日本語学生たちの1800日

発行日 二〇二一年八月一〇日 初版第一刷発行

著 優人（アフマド・アスレ）
取材・文 小澤祥子
解説 青山弘之
装幀 臼井新太郎
発行所 株式会社 三元社
〒一一三―〇〇三三
東京都文京区本郷一―二八―三六鳳明ビル一階
電話／〇三―五八〇三―四一五五
ファックス／〇三―五八〇三―四一五六

印刷 製本 モリモト印刷 株式会社

ISBN978-4-88303-533-5
http://www.sangensha.co.jp